宣言

我们拒绝平庸/我们拒绝驯化/没有好创意就去死吧/宁做旷野里奔啸的狼不做马戏团里漂亮的老虎/我们的策划已不满足于客户认可/更要求客户的成功/好方案得不到完善地执行/我们一样愤怒/因为我们渴望成为英雄

叶茂中

营销的12个方法论

叶茂中 著

机械工业出版社
CHINA MACHINE PRESS

今天的市场、消费者、沟通传播方式发生了天翻地覆的变化，但时代在变、环境在变、模式在变，始终不变的是人性！在变化中如何适应、如何引领？皆需要企业家和营销人去探索、研究并采取行动。

在《营销的16个关键词》之后，作者通过持续洞察市场，历时7年，以极大的诚意全心推出全新著作《营销的12个方法论》，从不同方面、不同切入点解析营销，提升了原有方法的使用价值，删减了不再适用的方法，这本书的观点和方法，全部基于中国本土市场，洞察、冲突、诉求、劝诱、重复、产品、价格、树敌、借势、娱乐、游戏和超级销售员这12个营销方法论帮助你建设营销知识框架，启发营销灵感与创意。

图书在版编目（CIP）数据

营销的12个方法论 / 叶茂中著．
— 北京：机械工业出版社，2020.10（2023.3 重印）
ISBN 978-7-111-66594-6

Ⅰ.①营⋯　Ⅱ.①叶⋯　Ⅲ.①销售－方法　Ⅳ.① F713.3

中国版本图书馆CIP数据核字（2020）第179111号

机械工业出版社（北京市百万庄大街22号　邮政编码100037）
策划编辑：胡嘉兴　　　责任编辑：胡嘉兴　戴思杨
责任校对：李　伟　　　责任印制：孙　炜
北京联兴盛业印刷股份有限公司印刷

2023年3月第1版第6次印刷
170mm×230mm・16.25印张・4插页・193千字
标准书号：ISBN 978-7-111-66594-6
定价：88.00元

电话服务　　　　　　　　　　网络服务
客服电话：010-88361066　　　机 工 官 网：www.cmpbook.com
　　　　　010-88379833　　　机 工 官 博：weibo.com/cmp1952
　　　　　010-68326294　　　金 书 网：www.golden-book.com
封底无防伪标均为盗版　　机工教育服务网：www.cmpedu.com

序
Preface

　　老叶要出书，让我给他写序，说实话我从来没写过序，也不知道该怎么写。我跟老叶说："没写过，没把握，压力很大哦。"老叶说：先看看我的书吧，有感觉则写，没感觉就不写。"我利用周末的时间一口气读完了老叶的这本书，感觉受益匪浅，有很多观点我都很认同，有共鸣。几年前我读过老叶写的《广告人手记》，也很有收获，但这本书感觉内容更丰富了，以方法论为线索，有理论分析，也有实战案例，文字简洁、幽默、可读性较强。这本书，老叶说他用了 3 年的时间，浇筑了很多心血，总结了他的很多案例，管用，值得推荐。

　　我做了 18 年的风险投资，见过无数的企业和企业家，感受最深的就是，在中国创业的门槛是很低的，而持续发展的门槛是很高的。不管你今天选择做什么，只要稍有成绩，明天就会有成千上万学你、抄你、挖你的人，他们付出的成本比你还低，价格卖得比你便宜，消费者大多是价格敏感型的，又要好又要便宜。企业家自身也经常遇到成长的痛苦，比如：找不到合适的人、来不及建系统、不知道如何把握发展的节奏，不知道是把重点放在市场占有率还是放在利润率上，不知道如何做产品差异化、如何打造企业品牌。在竞争如此激烈的今天，究竟什么才是企业赖以持续发展的护城河呢？我觉得，在消费品和零售行业，这个护城河就是企业的品牌。我在创立今日资本的那一天，怀揣着一个梦想，要帮助中国企业家打造行业第一

品牌。过去的 18 年，在我投资的企业家里，有 4 个企业家进入中国财富前 100，但重要的不是帮他们赚到钱，而是帮助他们在 3~5 年的时间里打造行业领先品牌（京东商城、网易、土豆网、赶集网、大众点评网、相宜本草、都市丽人、良品铺子、真功夫、避风塘、翠华茶餐厅等），这就是我每天踏着舞步去上班的原动力。

为什么要争做第一品牌？因为在消费者的心智里，只有一个小小的空间，那是留给第一品牌的。说起方便面，你会想到康师傅；说起可乐，你会想到可口可乐；说起汉堡包，你会想到麦当劳；说起咖啡厅，你会想到星巴克。消费者心中首先想到的，就是最值钱的，也是竞争对手最难撼动的。我们在研究行业的时候，时常会思考一些问题：这个市场究竟有多大？终极格局会是什么样的？从长远来讲有几家品牌会活下来呢？每个行业不一样，但大方向是相似的，先是有多家企业在竞争，第一名比第二名大两倍，第二名比第三名大两倍，竞争慢慢加剧。当第一名和第二名的竞争进入白热化的价格战时，小公司会纷纷出局，第三名也会被边缘化，这就是所谓的二元法则。这时候第一名和第二名的差距也会缩小，江湖格局已定，市场也进入了稳定阶段，就像运动鞋行业的耐克和阿迪达斯，碳酸饮料行业的可口可乐和百事可乐，快餐行业的麦当劳和肯德基。

我们研究过美国的历史，如果当一个品类开始爆发式成长的时候，作为行业的先行者，你一定要舍命狂奔，争做行业的第一品牌；当你的市场占有率达到 30% 以上，并且超过第二名两倍的时候，你就成为消费者心智中的第一品牌，只要你不犯错误，第二名要超越你基本上是不太可能了。如果跟踪美国 20 世纪 20 年代那些行业第一品牌，一直到 20 世纪 80 年代，它们的命运如何了呢？60 年过去了，25 家第一品牌中有 21 家仍然是行业第一品牌，剩下的 4 家有 1 家变成第三名，有 3 家变成第二名。在消费品零售行业，消费者的品牌忠诚度是很高的，每一次产品的销售都是一次品牌的宣传，随着时间的推移，这个品牌越来越值钱，第一品牌的江湖地位越来越难以撼动，这就是企业赖以持续发展的护城河。

做品牌是要花钱的，要打广告，酒香也怕巷子深。这些年，我们坚持不懈地帮我们投资的企业树品牌、打广告，效果很好。也是在这样的大背景下，我们结识了老叶。大概是 2006 年，我们在投资真功夫的时候，去拜访过老叶，当时印象最深的就是，他们公司到处都写着一句话 "没有好创意就去死吧！" 好过瘾。我们都尊称他叶大师，因为他的创意实在太牛了！能想到 "真功夫" 这个好名字和 "营养还是蒸的好" 这句广告语，他那天价的广告费也算值了。后来赶集网做广告，我们又去找老叶了，请他帮我们解决 "三个一" ——一句话，一幅画，一个 15 秒广告，这次老叶隆重推出的是一头毛驴和那支脍炙人口的儿歌："我有一只小毛驴，我从来也不骑 有一天我心血来潮骑它去赶集……" Mark（赶集网的 CEO）和我一看都会心地笑了，太贴切了，就是它了！在老叶的建议下，赶集的小毛驴上了央视和卫视，推出广告一个月后，平均日 UV（独立访客）和销售收入都大幅增长。赶集网和老叶已经合作了三年，Mark 说等赶集网上市的时候要邀请老叶一起去纳斯达克敲钟，老叶说他听了特别感动。

老叶是一个具有艺术家气质的商人，他也是很感性的，如果他跟企业家能对得上眼的话，他的创意会非常好，不断产生火花，但是如果他的第一次创意被客户否决了，他会特别沮丧，也有不欢而散的时候。老叶还是一个收藏家，很早就开始收藏很多大师的画作。我建议他以后搞个博物馆，好东西要分享，一个人看，多浪费啊。我也问他灵感是从哪来的？这么多

创意是怎么蹦出来的？他说他经常看大师的作品，吸取精华，自己也画画，他的生活状态是上午为自己活着（画画、健身），下午为客户活着（开会、创意）。

我特别喜欢带着企业家一起跟老叶进行头脑风暴，谈用户的需求，对用户的洞察，打动他们心灵的那句话，那是思想的盛宴。这些年来，我也学到了很多东西，有一些心得跟大家分享：

第一，做品牌是一把手工程，要创始人、CEO 亲自抓才能做好。我觉得企业的产品是灵魂，品牌是关键，你看品牌做得好的企业，都是老板直接管的。乔布斯那么忙，只抓两件事，产品和广告，每个广告创意他都亲自过问，所以苹果的每个广告都非常酷；巴黎欧莱雅的管理不是最牛的，但是品牌做得好，因为在董事会上讨论的不是销售和财务，而是这个瓶子的手感和那个包装的色彩，巴黎欧莱雅已经成为消费者心目中的品牌。

第二，广告是管用的，但 50% 的钱是浪费的，只是你不知道是哪50%。我每天走在大街上或在电视上看到很多广告，很差，钱都浪费了，真是替这些企业感到心痛。我想这些企业的老板为什么不学习、不钻研，弄明白了再花钱砸广告呢？所以你的任务就是迅速学习，我相信看完老叶的这本书，你一定会少走弯路，减少那 50% 的浪费。

第三，抽筋式打法。这个方法是老叶教的，我们试了，挺管用。如果你的广告预算是有限的，千万不要撒胡椒面，把时间拉得很长，媒体拉得很开，电视频道分得很散，结果到处都是毛毛雨没有效果。要打就要用抽筋式的打法，集中火力一年打两个 Campaign，如果有钱最好是三个 Campaign，一定要集中在一个月的时间里，让你的用户有三四次看到你，这样他才能记住。

如果同样的钱分散在 12 个月打，再分散到各种渠道，用户即使看到也记不住，因为每天看的广告太多了。

第四，用 100℃把水烧开。 广告最忌讳的就是水烧到 80℃，没开，钱都浪费了。宁愿烧到 108℃，确保能烧开。所以，如果没有足够的预算，就不要做电视广告，因为你的声音会被别人淹没。预算少可以在局部城市做地推。

第五，创意很关键。 一个好的广告创意一个月内看见三次就记住了，如果创意平平，要看五次才能记住，所以你的创意好能省很多钱。有的企业家很心疼钱，舍不得请明星，创意费尽量压缩，想节约钱，省下来的钱多买些播放时间，其实这种选择挺傻的。因为如果广告创意不好的话，你花双倍的钱人家也不一定能记得住。创意费和明星代言充其量是几千万元，但是在电视媒体投放广告的费用就可能上亿元。

第六，小公司要傍大款。 老叶说，请明星代言其实是最省钱的方法，这个我很认同。既然请明星，那就要请适合自己品牌气质的、最大牌的明星，后来你会发现最大牌的明星都被欧莱雅和宝洁这样的品牌请了，所以要趁早赶快签下。既然要上电视节目，那就要挑收视率最高的来投，虽然贵点，但是回报率是最高的。凡是收视率好的节目都是最贵的、不肯降价的、特别难谈的，但也是最有效的；凡是肯给你打折扣、赠送时段的节目都是没人看的、浪费钱的。

第七，品牌投入要趁早。 假如打响一个品牌需要多个 GRP（总收视点）的话，那么今天投广告一定比明天投更合算，因为像《非诚勿扰》《爸爸去哪儿》《中国好声音》这样的好节目每年都在涨价。互联网媒体也越来越贵，因为流量入口已经被 BAT（百度、阿里巴巴、腾讯）三大家给

垄断了。如果你是这个行业里第一个投放广告的先行者，你就更占优势了，因为消费者更愿意相信"Be First"（你是开创者），不大愿意相信"Be Better"（你是更好的）。

第八，品牌投入要坚持。有的企业家一想到成本控制就先把市场预算砍一半，这是一种很短视的行为，是要付出长期代价的。我认为，如果预算有限，我宁愿提高效率、减少人员，也要留出预算打品牌。"铁打的营盘，流水的兵"，品牌才是你的营盘。品牌的价值主张是一脉相承的，是坚持不变的，今年说这些明年说那些，消费者也被搞糊涂了。海飞丝洗发水的市场占有率为什么这么大？明星换了多个，创意换了多个，时间过去这么多年，可是说来说去都在说一件事：去屑！那是海飞丝品牌的价值主张！为什么人们在买轿车的时候，如果想要最安全的轿车就会毫不犹豫地选择沃尔沃？那是因为沃尔沃的广告多年坚持不懈，始终如一地只说一件事：安全！脑白金广告里的卡通老爷爷、老太太，又唱又跳许多年了，都在说送礼的事，现在大家也都习惯了、接受了。同样的价值主张要天天讲、年年讲、重复讲，就像老叶书里所说的"重复的法则，习惯的力量"。

如果你有决心建立行业第一品牌，有决心做一个品牌的百年老店，那就现在开始行动吧！做品牌是一个长期的、系统的工程，这里面有很多法则、很多"Know-how"（技术诀窍），老叶书里讲得都很细，我看完以后很有收获，希望你也能够有所收获！

今日资本创始人、总裁

徐新

电子邮箱 kathyxu@capitaltoday.com

目录

第一章 洞察

发现机会比学习市场营销更重要

　　这是 1964 年《中国画报》封面刊出的"铁人王进喜"的一张照片，这张照片呈现的是王进喜日常在大庆油田工作时的环境。

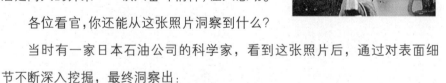

　　各位看官，你从这张照片里观察到了什么？

　　王进喜头戴狗皮帽，身穿厚棉袄，顶着鹅毛大雪（气候恶劣，油田开发的环境也十分恶劣）。

　　王进喜手握着钻机手柄眺望远方，在他身后是高大的井架——铁人奋斗精神，让人感动。

　　各位看官，你还能从这张照片洞察到什么？

　　当时有一家日本石油公司的科学家，看到这张照片后，通过对表面细节不断深入挖掘，最终洞察出：

　　·根据照片上王进喜的衣着判断，只有在北纬 46 度至 48 度的区域内，冬季才有可能穿这样的衣服，因此推断出大庆油田位于齐齐哈尔与哈尔滨之间。

· 通过照片中王进喜握手柄的架势，推断出油井的直径。

· 从王进喜所站的钻井的位置与背后油田间的距离和井架密度，推断出油田的大致储量和产量。

· 石油储量巨大，中国石油勘探建设能力不足，应该很快会向国外招标。

于是，这家日本石油公司快速洞察到了中国石油勘探的需求，迅速设计出适合大庆油田开采用的石油设备。当中国政府向世界各国征集开采大庆油田的设计方案时，这家日本石油公司一举中标。

这是商学院流传已久的案例。日本人创造了很多伟大的品牌，一个国土面积狭小的岛国，既没有得天独厚的资源优势，也没有地域优势，却把生意做到世界各地，成为全球领先的经济体，这其中的关键在于日本人对需求洞察的深度——深入挖掘需求的核心，让日本人提前掌握商业的走向和趋势，而这种深入表象，一眼洞穿事物本质的能力，我们称之为洞察力。

洞察力是营销一招致命的先决条件。

一、观察是望远镜，洞察是显微镜

电影《教父》里有句话极其经典：

"花半秒钟就看透事物本质的人，和花一辈子都看不清事物本质的人，注定是截然不同的命运。"

观察和洞察最本质的区别就是：对问题本质的穿透力。尤其当商业进

入了智能时代：

> 传统商业——研究认知；
>
> 智能商业——研究需求。

认知是经验、共识、传统……人们可以学得来，借鉴得来，观察得来。在传统营销时代，人们通过对核心人群进行仔细观察，研究他们的固有认知，就可以为产品和品牌构建出一条品类的赛道。

然而在进入智能商业时代之后，面对产品过剩、品牌拥挤、传播粉尘化的现状，我们不能只是停留在对消费者认知的观察层面，更需要深入洞察，直到找到需求的"洞眼"，这才是让消费者动心的根源。

需求分为两种，既有消费者的生理需求，也有消费者的心理需求。需求的末端往往连接了人心的欲望，研究需求不仅要具备认知的常识，更需要有想象力、创造力和洞察力，这样才能洞察到那些接近本质的需求，甚至创造新的需求。

观察就像是望远镜，看清需求的方向，构建产品的维度；

洞察就像是显微镜，看清需求的本质，构建产品的深度——甚至需要洞察到消费者的隐性需求，这样企业才能避免走上同质化的赛道。

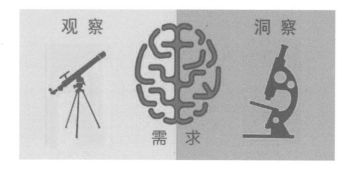

消费者观察 VS 消费者洞察：

消费者观察是指对消费者行为的一种记录；

消费者洞察是指透过消费者的行为，分析其行为背后的心理需求。

普通观察——只能发现事物的表象，目的是为了共性的认知；

真正洞察——能够发现事物的规律，目的是为了看清本质。

简单总结一下，观察只是记录人们所做的事情，而洞察则是回答人们为什么会那样做，只有真正做到了洞察，才能从根本上了解消费者的动机。用弗洛伊德的话来讲，洞察就是变无意识为有意识。洞察要结合分析和判断的习惯，是看破事物表象，分析背后内涵的能力。

根据冰山理论，人们绝大部分的潜在意识会对表层的意识和行为产生影响，用户的隐性需求才是产品真正的购买动机——消费者的内心就像冰山一样，你能轻易观察到的只是露出冰面的冰山一角；而消费者的真实动机深藏在冰面下，需要深入洞察才能撼动整座冰山。

　　年轻人偶尔嘲笑长辈被一些虚假的养生广告欺骗，但如果他们愿意再深入思考一点，就会洞察到：长辈们哪里是想自己活得久一点，他们只是想陪你久一点！想陪孙子、孙女久一点！

　　长辈也不理解现在年轻人为什么特别沉迷于看影视剧、玩游戏，觉得年轻人是在浪费时间。但如果他们愿意再深入思考一点，就会洞察到：年轻人之所以这样做，其实是因为现实中的挫败感太强，他们需要在虚拟世界中，得到满足感和成就感，为"现实的自我"充电！

　　洞察往往需要的只是"捅破表面窗户纸"的意识：

人们不是要买电钻，而是要买墙上的"洞眼"；
人们不是要买汽车，而是要买"速度、地位、野心、权力、欲望……"
人们不是要买化妆品，而是要买"美、自信、回头率……"
……

　　一切生意和机会，都从消费者的需求中来；我们要充分观察消费者，然后深入洞察消费者需求，才能创造让消费者心动的产品和品牌；尤其是现在，商业进入了一个精细化、智能化的时代，在大多数表面上的需求已经被人解决时，我们更需要用心洞察，直至发现那些模糊而隐性的潜在需求。

　　观察用眼，洞察用心——消费者是一个人，是有血有肉、活生生的人，而不是一个数据、一个概念、一个符号。

　　2020 年，因为一场新冠肺炎疫情，近百万人因此失去生命。我们每天都能从新闻中看到不断刷新的数据，可能有些人已经变得麻木不仁，但钟南山说过一句话："我们不惜一切代价地要赢得胜利，我们一定要记住，这些是人，不是数字。"看到这里，我们不禁眼眶湿润，想到的不再只是冷冰冰的数字，而是其背后牵扯的家庭、亲人和感情。

洞察用心，推崇的就是日本著名导演北野武的"同理心"——日本发生"东日本大地震"后，曾有记者采访北野武，并将"东日本大地震"与2008年中国发生的"汶川大地震"做比较，问日本对灾难的控制会不会比中国做得更好。北野武说了这样一段话：

"我认为在如此困难的时期中，最重要的是保持'同理心'。地震造成的死亡人数可能超过1万，甚至超过两万，这样巨大的死亡和失踪人数也会成为电视和报纸的头条。但是，如果您将这场灾难简单视为'两万人丧生的事件'，那么您根本不会理解受害者。然后，只从数字上来对比，这是对死者的亵渎！人的性命（死亡）不该说成是两万分之一或八万分之一！灾难并不是死了两万人这样一件事，而是死了一个人这件事，发生了两万次。"

洞察最重要的是需要我们有温度地去感受消费者的生活、情感和向往，消费者的行为不仅是大数据的一个支点，数据的背后还有他们的人生和情感，要有温度，倘若没有温度，往往说明你只是在观察，并非洞察；只有把消费者当成有血有肉、活生生的人看待，才有可能洞察到一个个鲜活、有热度、有欲望的需求场景。

洞察，就是品牌和消费者之间连接的桥梁，能够让消费者对品牌产生情感上的认同——它们很理解我；那正是我的感受；它们知道我为什么需要它……就好像大家都知道的"春天的故事"：当乞讨者在木板上写着"我是盲人"时，没人同情他；而写上"现在是春天，但是我却看不见它"时，大家都十分同情他，"春天"就是洞察力，是激发出同情的洞察力。品牌要与你的消费群体产生关联，就需要找到像"春天的故事"这样犀利的洞察点。

二、重要敌不过需要

传统商业时代：企业至上——企业以自我为中心，以竞争对手为中心，消费者往往是被动的。

智能商业时代：消费者至上——企业以消费者为中心，消费者是主动的。

进入智能商业时代，我们不光要观察，更应该学会洞察。如果只停留在观察层面，则只会诱导企业进入自我认知中"重要的误区"。

产品很重要——普通观察，我们会轻易感知到人性贪婪，我们要提供给消费者更极致的产品，更高的性价比，极力打造价格的护城河，让对手无利可图，不敢轻易冒犯。但各位看官不妨想想，数码相机市场的衰退，是因为相机不够好吗？拍摄精度不够高吗？还是因为智能手机横空出世，解决了消费者随时随地就能拍照的需求？

品牌很重要——表面观察，我们就会认同羊群效应，消费者喜欢领导者，我们必须要做到行业第一、品类第一，只有具有开创者和领导者的头衔，才能让消费者对我们刮目相看，跟随其后。但各位看官不妨想想，乔布斯挑战微软，从未说自己是个人电脑销量第一的品牌，而是用"改变世界"感动了那些心怀理想的年轻人，不朽的精神才是苹果公司令人感动的核心。

毋庸置疑，产品和品牌依旧是营销的关键要素，但进入智能商业时代，营销转向更为精细化的模式，消费者的传统认知被新的需求、新的欲望、新的体验一波一波地推翻。在互联网塑造的消费世界中，所有的认知边界都会被打破，企业最大的竞争阻碍将不再是产品，而是我们对未来的傲慢和对消费者的轻视。

所以，"你是谁"并不重要，重要的是，消费者需要你是谁。

这是一个"重要敌不过需要"的时代！

如果你无法洞察消费者的需求，哪怕你的产品已经很完美，也必然会和巨大的消费浪潮擦肩而过，成为旧时代的惊鸿一瞥；如果你无法洞察消费者的需求，哪怕你的产品销量遥遥领先，哪怕你的产品围绕地球转了很多圈，哪怕你是正宗产品的开创者，也只能是令消费者无感的"路人品牌"。

在今天智能化、数据化、协同化的智能商业时代，只研究认知，不洞察需求，就等同赶脚的骑驴——只图眼前快活。

今天，"消费者观察"可以被数据化研究和分析逐渐取代，只是观察，反而会令企业陷入消费者陷阱、数据陷阱中；如果不能清晰地洞察到消费者的核心需求，就只会在错误的道路上，越跑越远、越跑越错；只有洞察到了需求，才能在数据黑洞中，杀出一条血路来。

【案例分析】好孩子洞察到了哪些真需求

各位看官，从表中的数据来看，哪个是真需求，哪个是消费者陷阱呢？

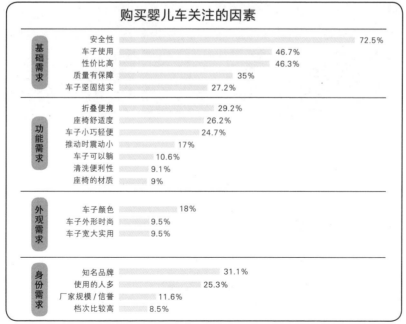

消费者购买婴儿车所关注的因素中，安全性占 72.5%，折叠便捷占 29.2%，座椅舒适度占 26.2%。

普通观察：72.5% 的安全性，是不是童车的主要需求呢？

真正洞察：叶茂中冲突营销在策划时，放弃了 72.5% 的安全诉求，是因为洞察到童车真正的需求是——对于宝宝来说，是否舒适才是真需求。

童车是否安全，取决于推车的人是否小心稳妥，小宝贝其实无从知晓；童车的功能性，宝贝更是不能理解；外观好看与否，宝贝也无从欣赏；性价比之类更是天方夜谭……宝贝能感受的，就是童车是否舒适。

对于父母来说，是否便捷才是真需求——所以好孩子童车，还推出了解决便捷需求的口袋车：让父母遛娃时，更轻松、更方便。

阿里巴巴高管曾说，阿里巴巴今天所面对的挑战，都是书本上没有记载过的，却每天都在真实发生。商业的边界从来没有如此模糊过，商业也从来没有如此密切地深入人们的生活中。如果说谷歌拓宽了技术的边界，阿里巴巴就是在用技术拓展商业的边界。尽管现在中国已经进入了智能商业时代，但我们的很多思路还是停留在旧时代。

在一个消费崛起的智能商业时代，练就一双洞察需求的火眼金睛，成为制定企业战略的第一步。

三、战略的第一步就是洞察冲突

各位看官，我们在《冲突》（第2版）一书中详细为各位描述了：营销的本质就是洞察需求，而需求是从冲突中被发现的。

和传统营销不同的是，在供需关系颠倒的商业时代，我们必须有一个明确的消费洞察，才能为产品和品牌提供生长的土壤；我们必须有一个让人动心的消费洞察，才能为科技和数据赋予情感和温度，开辟一条通往消费者内心的赛道。

"浇树浇根，交人交心"。

在制定战略之前，我们必须清楚地回答：

以消费者为中心 ——消费者的冲突有哪些？

以竞争对手为中心 ——尚未被竞争对手解决的冲突是什么？

以自我为中心 ——我的产品到底解决了哪个冲突？

战略的第一步就是洞察冲突；发现冲突，就是发现需求，营销就能一招致命，实现指数级增长！

【案例分析】海澜之家洞察到了什么冲突

在十几年前，当男装品牌都在定位专业细分市场时，叶茂中冲突营销洞察到：同样在购物中心买一条裤子，女人要花 3 个小时，而男人只肯花 10 分钟。由此洞察到男人购买男装时的一个最大冲突：男人是不喜欢逛街的，但是需要足够的日常着装。

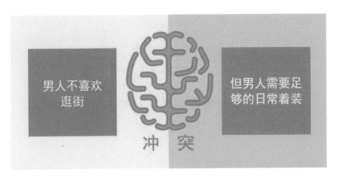

正是因为洞察到了男人购物时的冲突，叶茂中冲突营销提出了"一年逛两次海澜之家"的战略诉求；海澜之家在别的男装品牌拼定位、拼细分、拼专业的时候，叶茂中冲突营销却走了一条完全不同的道路——提出了男人的衣柜，真正将海澜之家打造成一站式的男性服装购物终端。

解决了这个最大的冲突——海澜之家于 2017 年实现营业收入 182 亿元，归属于上市公司股东的净利润达到 42 亿元，是中国服装业最赚钱的一家企业，它在全世界的服装公司里市值排名第 14 位。

可见，一个精准的洞察，不仅可以帮助企业摆脱同质化的竞争，更能迅速开辟一条通往消费者需求的真实赛道，快速实现指数级的增长，而洞察到

消费者最大的冲突，往往也是企业成功越级、占据竞争赛道头部位置的机会所在。

因此，在我们的商业模式中，每个功能、每种算法，都要建立在明确的消费者洞察之上，客户需求将成为企业行为的最终决定者，客户至上不再是一句口号，而是企业设计核心竞争力的起点。

四、洞察三要素

①洞察，必须从消费者中来，到消费者中去！要以消费者为中心，要时刻提醒自己，主动去找出"消费者需要的是什么"，主动去"注意消费者"，而不是"请消费者注意"。就像摄影师为了拍摄更真实的照片，必须无比接近目标的生活场景。

②洞察，千万不要代替消费者思考——我们洞察消费者的冲突在哪里，切记不要有"家长心态"，企图用自己的经验帮助"孩子"长大，必须尊重消费者的自主意识，千万别有"我是为了你好"的心态。

就像著名的"奶昔错误"——麦当劳曾经想提高奶昔销量，因此雇用了一些研究人员来弄清楚，消费者最关注奶昔的哪种特质？奶昔要做出更多口味，还是增加容量？

根据调查的反馈信息，麦当劳着手对奶昔进行了很多改进工作。奇怪的是，奶

昔的确是越做越好了，但是产品的销量和利润都没有得到增长。麦当劳觉得很奇怪，为什么我把产品做得更好了，消费者还是不满意呢？

于是，麦当劳邀请哈佛商学院教授克莱顿·克里斯坦森进行调研，深入洞察后才发现：

1. 几乎有一半的奶昔是在早上被卖掉的，而且消费者只买奶昔，并且几乎所有的人都是开车打包带走的。

2. 对这些消费者而言，相比吃香蕉、汉堡、甜甜圈这些食物，喝奶昔不仅方便，还可以边开车边喝，不会弄得满手黏糊糊的；一杯奶昔能喝上 20 分钟，更能抵挡饥饿感。

所以，麦当劳把奶昔做得更稠一些，让顾客吸得时间更长，并在其中加上一点点果肉，这并不是让消费者觉得健康，而是给消费者的无聊旅程制造一些小惊喜；把制作奶昔的机器搬到柜台前，让消费者不用排队、刷卡自助取用等。这些解决冲突的举措，最终大大提高了奶昔的销量。

③洞察，必须要人性化——洞察其实没有什么方法论，很多产品的起点都是正确的，但距离成功的终点，总是间隔了那么多的遗憾：这份遗憾，恰恰是因为对生活缺乏好奇心，对人缺少关怀、关注和关爱。尤其对于今天的消费者，我们不仅要关注他们的生理需求，更要洞察他们的社交需求和心理需求。

雀巢最早在美国推出速溶咖啡时，自认为能够帮助美国主妇省下"磨咖啡豆"的时间，让家庭主妇的操作更加简单、方便，从而满足她们便捷性的需求。

当雀巢推出"咖啡，如此简单"的广告之后，没想到美国主妇都不领情，广告费白白"打了水漂"。

雀巢快速进行了市场调研，得到的回答是："我不喜欢速溶咖啡的味道！"但令雀巢困惑的是：明明在上市之前已经做过双盲测试了，测试结果也显示受试者无法分辨速溶咖啡和研磨咖啡的味道差异。

直到他们认真聆听主妇心声，才洞察到：对于家庭主妇而言，简单操作意味着懒惰、生活缺少计划性，在丈夫眼里不是位好太太。

只有洞察到太太们的社交需求——贤妻良母的角色需求，速溶咖啡才能走进美国家庭。

弘一大师在很多年前就教导过我们：一个人的生活会有三个层次，一是物质的生活，二是精神的生活，三是灵魂的生活。根据马斯洛需求层次理论，人们在生理需求、安全需求、社交需求、尊重需求之外还有更为重要的自我实现需求。需求之所以会发生，往往也是因为这三个层次之间，理想自我和现实自我之间会产生冲突；洞察冲突，必须用人性化的眼光洞察冲突的本质，才能赋予产品更人性化的解决冲突的方案，也才能比你的竞争对手更深入地洞察到消费者的隐性需求，开辟新的赛道。

五、要形成有效的营销，首先要洞察消费者冲突

冲突越大，机会越大；

冲突越大，需求越大；

冲突越大，卖点越强。

如果营销不能洞察到冲突，不能解决冲突，就会变得越来越难，就像"在石头上挤奶"！

各位看官，在营销之前，务必要问自己：

以消费者为中心——消费者的冲突有哪些？

以竞争对手为中心——尚未被竞争对手解决的冲突有哪些？

以自我为中心——我的产品到底解决了哪个冲突？

洞察冲突，就是发现需求，营销就能一招致命，实现指数级增长！

第二章 冲突

冲突产生需求

当"憨豆先生"在 2012 年伦敦奥运会开幕式的高潮时间段出现的时候，相信全世界的观众都不会感到太多的意外。

是的，虽然能代表英国的符号有很多，比如工业革命、莎士比亚、甲壳虫乐队……但是相比上述的这些，憨豆先生依然毫不逊色，甚至有更大的影响力。

喜欢憨豆先生没有国界区隔，他的影响力覆盖欧洲、亚洲、非洲……

喜欢憨豆先生没有年龄限制，他的受众包括儿童、少年、青年、中年、老年。

喜欢憨豆先生没有性别差异，男男女女都喜欢他。

憨豆先生是一个真正意义的"全明星"。

憨豆先生作为一个影视产品，从来都不是所谓的大制作，没有大明星助阵，没有高科技

特效，当然更没有宏大的拍摄场景，而是真正意义上不折不扣的小投入、小制作。

正是这样的小制作系列喜剧作品，从 1990 年 1 月 1 日在英国 BBC 电视台亮相后连续 20 多年始终活跃在全世界观众的视野内，甚至使得罗温·艾金森先生（憨豆扮演者）想退休都不行。

为什么憨豆先生能够成功？为什么憨豆先生能跨越国界、跨越年龄、跨越性别，甚至是时间的限制，受到这么多观众的欢迎？

归根结底，答案就在于"憨豆先生"这个人物角色的设计充满了冲突感。

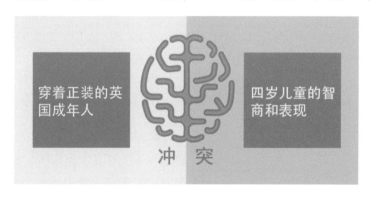

就如同莎士比亚所说的："冲突产生了戏剧。"大人的成熟体型和儿童般的表现——这之间的冲突，则形成了"憨豆先生"的戏剧性，表演中甚至无须言语就能激发观众认知上的冲突，完全颠覆了我们对一个成人演员的期待值，然而正是这种强烈的冲突感，让"憨豆先生"成为英国的国宝。

写到这里，大伙儿可能明白了，这就是本章要和大家沟通的营销方法论: 冲突。

人生不如意之事十有八九，难免有问题，难免有与人冲突、与自己冲突、与事物冲突、与周围环境冲突的时候。冲突的过程是纠结的过程，也是难受的过程。如果有一样东西能让你舒服起来，解决了你的冲突和不适，

请问它的价值有多大？如果有一件产品能让你摆脱内心的焦虑，请问你买不买？

叶茂中经常会说："营销的本质就是洞察需求！需求从哪里被发现？从冲突中被发现！"

没有冲突，就没有营销！

一、冲突的定义

冲突就是指对立的、互不相容的力量或性质（如观念、利益、意志）的互相干扰。

生理和心理的冲突——冲突之所以产生，根源在于人性的复杂化和多样性，比如人性的贪婪。人的生理需求是有限的，但心理需求却是无限的，生理需求和心理需求就会产生冲突。

就像一个女孩子买包，如果只是用来装东西，买个几百元的包就可以了，为什么去买几万元甚至几十万元的包呢？这个实际上就是她的心理需求。就像圣严法师所说："人这一辈子，需要的不多，想要的太多。"

需要和想要之间就有冲突，冲突就会产生需求。

左脑和右脑的冲突——我们无法掌握消费者大脑中的钥匙，但是心理学家的探索，能帮助我们更清晰地梳理出走进消费者大脑的路径：人有左脑和右脑，心有理性和感性。

美国心理生物学家罗杰·斯佩里博士（1913 年 8 月 20 日—1994 年 4 月 17 日）通过著名的割裂脑实验，证实了大脑不对称性的"左右脑分工理论"，因此荣获 1981 年诺贝尔生理学或医学奖。

左脑，被称为"理性脑"，主要处理文字和数据等抽象信息，具有理解、分析、判断等抽象思维功能，有理性和逻辑性的特点。

右脑，被称为"感性脑"，处理声音和图像等具体信息，具有想象、创意、灵感和超高速反应（超高速记忆和计算）等功能，有感性和直观的特点。

罗杰·斯佩里博士的研究表明：左脑是普通脑，右脑是天才脑，右脑包含了更多的想象力和创造力的潜能。

左脑 VS 右脑——理性 VS 感性。

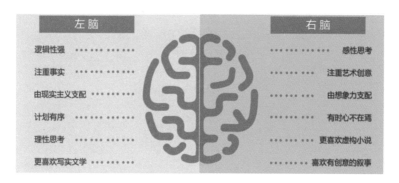

但不论你是左脑使用者，还是右脑思维者，不可否认的是，这两种脑所代表的理性和感性，经验力和想象力，同时并存在我们的思想和行为过程中，这也导致了我们在分析、判断事物时，往往会出现理性和感性不一致的情况，这就是冲突的来源之一。

左脑和右脑想要的不一样，通过心理学家的研究，我们不难发现：

左脑追求价格，右脑追求价值；

左脑追求健康，右脑追求爽；

左脑追求实用，右脑追求艺术；

左脑追求性价比，右脑追求浪漫。

左脑的理性思维，往往会带来更多的限制和分析；

右脑的感性思维，往往会带来更多的欲望和冲动。

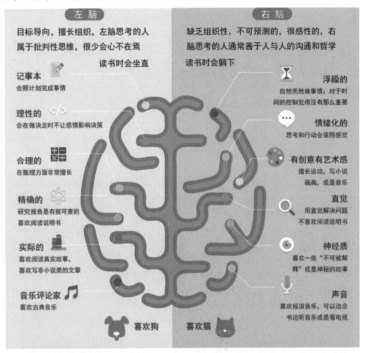

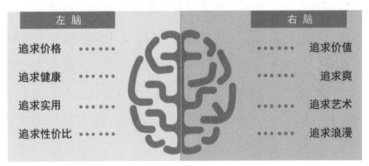

克制的理性需求和冲动的感性需求之间，有限的需求和无限的欲望之间，往往就是冲突的原点。营销的本质就是解决消费者的冲突——要形成有效的营销，首先要洞察消费者的冲突。

冲突是不可避免的；一旦发生冲突，就产生了需求，也就为营销提供了可能性。

二、冲突无处不在

不仅是个人的生理与心理，左脑和右脑会产生冲突，事实上在人类的世界中，冲突无处不在，冲突的来源可以归于下面五类：

- 信息冲突：这是指对事实或者数据意见不一；
- 兴趣冲突：这种冲突是以潜在的关注点、期望和需求为中心，为了解决这类冲突，你需要问"你关注的是什么"，而不是去争执到底谁对谁错；
- 结构性冲突：总是与有限的资源相伴，而冲突的最终解决方式往往有赖于有决策授权的个人；
- 关系冲突：与历史、沟通方式、信任有关；
- 价值冲突：这是最难解决的一类冲突，因为它与价值观紧密联系，没有商量的余地。

在现实社会中，由于人无法孤立地存在于世界之中，这就注定了人的世界之中充满了冲突，人和人之间，人和事之间，文化和文化之间，时间和空间之间……到处都有发生冲突的可能性。无论是基于哪种原因的冲突，我们都可以认识到：冲突是获得巨大成长的机会，认识到冲突发生的原因，就会诞生相应的解决之道；解决之道就意味着满足需求。

国家和国家之间是有冲突的；

观念和观念之间是有冲突的；

家庭和事业之间是有冲突的；

男人和女人之间是有冲突的；

爱情和金钱之间是有冲突的；

美食和身材之间是有冲突的；

......

举一个微型冲突的例子：两个朋友吃火锅，一个人能吃辣，一个人不能吃辣，这是不是冲突？

鸳鸯火锅就完美地解决了这个冲突。

三、解决冲突

解决冲突有两条进攻路径：

冲突产生了，就好像两个人打架，你可以拉开左边的，也可以劝住右边的，只要一方停手了，冲突就被解决了，关键是要判断清楚哪边更容易听劝并停手，我们就先劝服哪边，解决冲突。

解决冲突的关键，首先要判断清楚消费者的冲突，是从左脑解决更快，还是从右脑解决更好？还是能够同时进攻左右脑？

进攻左脑

左脑，被称为"理性脑"，主要处理文字和数据等抽象信息，具有理解、分析、判断等抽象思维功能，有理性和逻辑性的特点。

进攻左脑解决冲突，靠产品真相（性能、包装、价格等），是物质及技术的竞争。

产品真相是解决消费者冲突的具体解决方案，而不仅是产品力的描述。

产品真相必须是一招致命的。

进攻右脑

右脑被称为"感性脑"，处理声音和图像等具体信息，具有想象、创意、灵感和超高速反应（超高速记忆和计算）等功能，有感性和直观的特点。

进攻右脑解决冲突，靠品牌真相（心理感受、价值共鸣，以及品牌的附加值等），是精神及心理的竞争。

品牌真相是解决消费者冲突的具体沟通方案，而不仅只是品牌形象的输出。

品牌真相必须是一招致命的。

进攻左脑解决冲突，靠产品真相；

进攻右脑解决冲突，靠品牌真相；

有些时候，可以同时进攻左脑和右脑。

【案例分析】武汉卷烟厂如何进攻左脑和右脑解决冲突

2004 年，叶茂中冲突营销为武汉卷烟厂（武烟集团下属生产企业）制定战略时，全国有 29 个卷烟企业，武汉卷烟厂排名倒数第二。

烟叶不如云南（红塔山、云烟）；

推广不如浙江（利群、大红鹰）；

渠道不如湖南（白沙、芙蓉王）；

品牌不如上海（中华、熊猫）。

武烟集团董事长彭明权对叶茂中说："20世纪80年代初武烟在全国还名列前茅，但是武烟'睡着了'，一睡就是17年！这些年来，虽然武烟曾经做过全国网建的模范，甚至现在的技术力量还在全国排得上号，但是市场、品牌却落后了！武烟请你们来，就是帮我们研究战略，研究一年、两年甚至五年、十年后武烟的发展方向。更重要的是如何以最快的速度突围，再不突围就来不及了！"

如何异军突起？

研究对手固然重要，发现消费者的冲突更关键！

我们必须回到消费者冲突中，洞察他们还有哪些冲突是没有被竞争对手解决的。

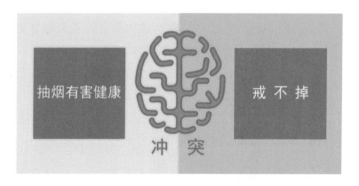

这是烟草行业永恒的冲突，健康和抽烟之间的冲突——冲突越大，消费者渴望解决冲突的欲望就越大，高端消费者更甚。

进攻左脑

武汉卷烟厂从冲突出发，创新推出了更短的烟支，俗称"三口烟"，不仅更贵而且更短，简单、直接地降低了高端香烟消费者抽烟时想要健康的冲突感。当时，1800元一条烟的奢侈品价格，也解决了高端香烟消费者注重社会地位象征的消费需求。

进攻右脑

禁烟广告都直接印刷在烟盒上，但香烟的销售额还是每年递增。那不仅是因为"烟瘾"作祟，更是吸烟者对烟所能产生作用的依赖——烟能带来灵感，烟能带来思考，抽烟的片刻能让烟民摆脱现实的压力，甚至抽烟的快感能稍稍解决烟民们现实和理想之间的冲突。

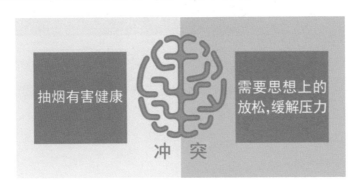

烟就如同一种心理安慰剂，总能给我们带来灵光乍现的奇迹，吸烟者对烟的欲望不仅是抽烟本身的快乐，更多的是来自抽烟带给我们的心理安慰。而抽烟之所以能在全球盛行，也是因为在抽烟的人群中，不乏艺术家、思想家、谋略家、企业家……

烟从物质上满足吸烟者对尼古丁的依赖；但烟更从精神上满足了人们对思想的欲望——在抽烟的时刻，每个人都可能成为"思想者"。

满足这种欲望，或许就能稍稍让消费者忘记健康的冲突，给抽烟一个合理的理由——思想需要放松，灵感才能涌现。

进攻右脑，解决吸烟者的冲突——叶茂中冲突营销创作了"思想有多远，我们就能走多远"的品牌真相。

十余年时间，通过持续地进攻左右脑，解决冲突，武烟集团的利税（利润和税收）从5亿元上升到800亿元，创造了一个烟草业里最大的增长奇迹。

四、制造冲突

如果主要冲突已经被对手解决了，我们该怎么办？

别担心！

与其在一条赛道上和对手争得你死我活，不如制造冲突，创造需求，改变赛道，重构市场。

冲突理论认为：制造冲突，就是创造需求，营销就能改变赛道，重构市场。

【案例分析】滋源制造了什么冲突

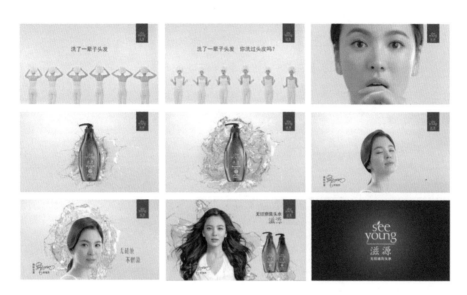

随着大多数企业采用细分定位的营销方式，细分市场只会越分越小，企业能够获得的利润就越来越少。在洗发水的赛道上，消费者的各种冲突都已经被国际品牌解决了，市场早已经趋向饱和：

- 从功能细分：去屑的、营养的、柔顺的、让头发更有韧性的、防脱发的、2合1的、甚至3合1的……
- 从成分细分：玫瑰的、精油的、马油的……
- 从渠道细分：流通的、美容院线的、电商的、微商的……
- 从价格细分、从性别细分、从年龄细分……

洗发水的市场还能怎么细分？

企业如果过度运用细分式的定位思维，就会画地为牢，患上"营销短视症"。

2014 年，一家化妆品公司请叶茂中冲突营销做"无硅油"洗发水的策划，叶茂中认为：从规律上来说，想要在品类已经非常成熟的红海市场，开辟出一块全新的领地，简直是难上加难；"无硅油"也只是一个细分的产品诉求，只能在竞争饱和的赛道上占据一条小小的跑道，充其量只能分流一部分消费者，所以我们必须制造冲突，改变赛道，重构市场，才能杀出重围，实现规模化的胜利。

该怎么做呢？

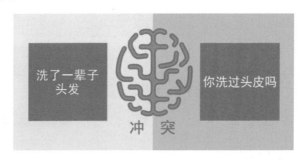

我们把洗发水改为洗头水，别看只改了一个字，但我们却制造了一个冲突——"洗了一辈子头发，你洗过头皮吗"，制造了"头皮好，头发才好"的新冲突，成功地把消费者对头发的关注转向对头皮的关注，创造了新的需求，而且产品可以卖更高的价格。

2014 年 6 月，滋源洗头水产品上市。2016 年年底，上市仅 30 个月的滋源洗头水，总体销售额超过 73 亿元，成为本土洗护旗舰品牌，高端洗护旗舰品牌。2016 年"双十一"，滋源以 1.2 亿元销售额排名洗护类产品全网第一；不仅是第一，而且是 TOP10 中唯一的民族品牌。

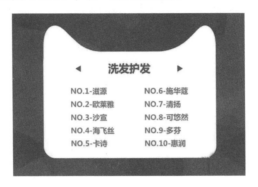

根据欧睿调研官方数据，2017 年度按零售额计算，滋源所占的国货洗护市场份额达到 31%，已然成为近 5 年来中国洗护市场最大的一匹黑马和现象级品牌，甚至被原本占据洗护市场主导地位的众多国际品牌重点研究和模仿。

在冲突理论看来：走老路到不了新地方，只有人走我不走，制造新冲突，改变赛道，才是企业战略的重中之重。

消费者的需求是有限的，但欲望是无穷的，在无尽的欲望赛道上制造冲突，就能激发新的需求，改变赛道，并且让你的品牌占据新赛道的头部位置。尤其在当下，制造冲突更厉害的是：在 AI(人工智能) 和 IOT(物联网) 彻底开始重新设计赛道时，在变化之前，主动制造冲突，才是拥抱未来的最佳姿态。

五、要成为伟大的企业，必须解决伟大的冲突

什么叫大企业家，什么叫小企业家？

在叶茂中看来，有大理想的企业家就是大企业家，有小理想的企业家就是小企业家。也许今天看来，许多企业在同一起跑线上，没有太大分别，但是几年过后，因为理想不一样，企业的发展就会完全不一样。

要想成为伟大的企业，必须解决伟大的冲突。

对企业家而言，什么才是伟大的冲突？

伟大的冲突来自大多数人的欲望，全球市值排名前 10 名的公司中，有 6 家（苹果、谷歌、亚马逊、阿里巴巴、腾讯、脸书）市值都超过了 5000 亿美元。它们成功的关键，都是选择进入"大海洋"制造冲突，而不是在"小池塘"里"浪费人生"。

腾讯和脸书，它们制造了全世界渴望更便捷沟通和社交的欲望。

苹果则用 iPhone 奠定了移动互联网时代的硬件标准，将硬件、软件、服务、生态全部合为一体，完成了移动互联网一机化。人们出门只需要带一部手机，就万事大吉，极大地满足了人们对生活便利性的欲望。

伟大的企业首要解决"大冲突",企业家必须走出"小池塘"的舒适区,才能向伟大迈出第一步!

冲突越大,机会越大;

冲突越大,需求越大;

冲突越大,卖点越强。

各位看官:

产品创新之前,你的创新解决什么冲突?

广告诉求之前,你的诉求解决什么冲突?

第三章 诉求

解决冲突的两个层面

"我有一个梦想，这个国家会站立起来，真正实现其信条的真谛：我们认为这些真理是不言而喻的——人人生而平等。

我有一个梦想，在佐治亚的红山上，昔日奴隶的儿子将能够和昔日奴隶主的儿子坐在一起，共叙兄弟情谊。

我有一个梦想，我的四个孩子将在一个不是以他们的肤色，而是以他们的品格优劣来评价他们的国度里生活。

我有一个梦想，亚拉巴马州能够有所转变，尽管该州州长现在仍然满口异议，反对联邦法令，但有朝一日，那里的黑人男孩和女孩将能与白人男孩和女孩情同骨肉，携手并进。

我今天有一个梦想。

我梦想有一天，幽谷上升，高山下降，坎坷曲折之路成坦途，圣光披露，满照人间。

……"

1963年8月28日，数百万人放下了冲突和仇恨，含着热泪，聆听了马丁·路德·金的《我有一个梦想》，就连肯尼迪总统也深受感染，公开支持："我也有一个梦想，这不光是你们的梦想，也是我的梦想。"

在美国历史上，林肯发动战争，废除了奴隶制度，却没解决黑人和白人的种族冲突；而马丁·路德·金用"一个梦想"，向人们展现了一个美好、平等、自由的世界，感召人们暂时放下了仇恨，放下了偏见，缓解了黑人和白人之间巨大的种族冲突，也因此荣获了诺贝尔和平奖。

像马丁·路德·金这样，能把话说进人的心里，并且能激发人们行为模式发生改变，我们称之为诉求，否则就只是一种诉说。

进入了智能商业时代，营销必须穿破认知的冰面，深入了解消费者需求，才有可能激发消费者新的购买需求以及获得消费者对品牌长久的忠诚度，即洞察消费者冲突只是第一步，如何让消费者知道产品、了解产品、爱上品牌，这才是营销的胜利。在智能商业时代，产品和品牌的诉求方式，也必须打破企业单向诉说的模式，像马丁·路德·金那样，深入洞察到冲突的核心，给出感动人心的诉求，才是粉尘化传播时代，真正有效的诉求方式。广告诉求不再等同于产品卖点，而是将产品特性变成消费者看得见、摸得着的利益。即必须明确地告诉消费者：我的产品能帮你解决什么冲突，

能满足你哪些需求和欲望；当产品无法解决冲突的时候，品牌诉求甚至要进攻消费者的右脑，拨动消费者的心弦，让消费者爱上品牌。

一、诉说是暗恋，诉求是求婚

先问各位看官一个问题：

中国足球队谁也打不过；

中国乒乓球队谁也打不过。

到底是打得过，还是打不过？

千万别觉得这是一个笑话，这其实是典型的自嗨型诉求方式。

如果说到最后，消费者都没明白你到底说了什么，那就白白浪费了你的传播费。消费者只关心自己，并不太关注企业想说什么，他们关心自己的生活是否能更好，关心产品和品牌是否能解决自己的冲突。所以我们必须要区分清楚，我们到底是在诉说，还是诉求？

诉说——企业想说的是什么？

诉求——消费者想听的是什么？

我们都知道，酒香也怕巷子深，好产品在巷子深处，不仅需要一个高音喇叭大声叫卖，更要学习茅台酒。聪明的茅台酒砸了酒坛，散发出酒香，才能征服外国人，从而获得"1914 巴拿马万国博览会金奖"。

茅台酒利用酒香为自己发声，为自己诉求，解决了传播的冲突，让那些不熟悉酱香酒的外国人，纷纷折服于"酒香"；如果茅台只是一味地向外国人诉说茅台的匠心工艺，是否会得到"1914 巴拿马万国博览会金奖"呢？

"诉求"不仅要解决消费者的冲突，更要解决传播的冲突，必须要紧紧围绕"三个一"：

一个中心——不要说你想说的话，要说消费者想听的话，以解决或制造消费者冲突为中心；

一个冲突——你的诉求必须聚焦在一个核心冲突上，不要企图以多取胜；

一句人话——目的是解决冲突，更要便于传播，所以不要追求所谓的"高大上"，要说消费者听得懂的话。

还记得疫情期间，充满了民间智慧的"硬核"标语吗？

"口罩还是呼吸机，您老看着二选一"。

"省小钱不戴口罩，花大钱卧床治病"。

"现在别人请你吃的饭都是鸿门宴"。

"今天到处串门，明天肺炎上门"。

……

这些标语充分利用了人们的恐惧心理，"简单粗暴、一招致命"地提出诉求，帮助村干部解决了冲突，让百姓乖乖待在家里，有效阻止了疫情的扩散。

您可能会说："日本赈灾的诗句不是也很美吗？"

的确很美，但这只是优美的诉说！

我们一定要区分清楚文字的使用场景、传播对象及要解决的冲突，针对不同的冲突，我们必须提供不同的表达方式：

您是选择如娓娓道来般"暗恋式"的诉说，还是如霸道总裁般"求婚式"的诉求？

诉说——企业以自我为中心，讲故事，有匠心，追求语言上的辞藻华丽和优雅……为消费者准备世间万物美好，却没考虑"恋人"是不是明白你的这份心意，结果只是一场只求付出不求回报的暗恋。在这个快速迭代的消费世界中，和消费者"谈情说爱"的前提，首先是要她明白"我要追你"的立意！否则，你只能拿好"好人卡"，乖乖做个"备胎"。

诉求——就是"求婚"，目的性极强，奔着和消费者"结婚"而去，不仅要让她看你一眼，最好还要看一辈子。当然，前提是：你的"求婚"是否解决了她的冲突，满足了她的需求，给了她安全感。

诉求必须以消费者为中心，让消费者听得懂、能接受、快行动、会改变；目的就是快速解决消费者冲突，使其产生购买的欲望；

诉说是暗恋，诉求是求婚；你想和消费者发生怎样的关系呢？

暗恋（诉说）　　求婚（诉求）

二、 产品真相和品牌真相

既然诉求像是"求婚"，那我们就要从物质层面和精神层面满足"爱人"的需求，解决"爱人"的冲突。在上一篇中，我们总结过解决冲突有两条进攻路径：

进攻左脑——靠产品真相；

进攻右脑——靠品牌真相。

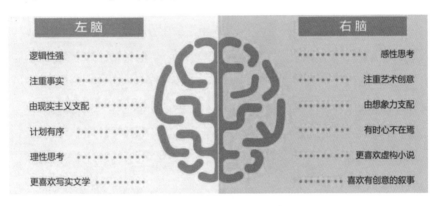

左、右脑其实也分别对应了马斯洛需求层次理论：

生存和安全感：这是人类最原始且基本的需求——属于物质层面的需求；

归属感、爱、自尊及自我实现：这是上升到了人类更高层面的需求——属于精神和情感层面的需求。

可以说，消费者购买一种商品的动机，总是出于对物质层面和精神层面两大需求。

从物质层面来看，消费者对于商品是着重于产品本身的认同，包括产品的质量以及价格、包装等方面，即商品需要满足消费者的使用价值需求。

从精神层面来看，在竞争激烈的商品社会中，同类型的商品很多。这时，消费者对于商品的需求就不仅是为获得商品的使用价值，同时也需要在精神层面得到满足，这也是为什么有些人喝酒只喝茅台酒、穿衣只穿 LV 品牌的道理。如果一个产品不能在精神上使消费者感到满足，就算商品有再好的物质满足度，消费者也不会有强烈的购买欲望。

物质功能和精神满足作为商品的二元性，是一对对立统一体，共同刺激着消费者的购买意识，只有满足了这两个层面的需求，才能让你的产品、品牌长久地赢得消费者，最终获得市场上的竞争优势。

因此，作为连接产品和消费者沟通桥梁的诉求，必须在物质和精神两个层面进行一一对应：

针对物质层面的诉求——产品真相是什么？

针对精神层面的诉求——品牌真相是什么？

三、产品诉求——你的产品真相是什么

左脑，被称为"理性脑"——主要处理文字和数据等抽象信息，具有理解、

分析、判断等抽象思维功能，有理性和逻辑性的特点；进攻左脑解决冲突，靠产品真相（性能、包装、价格等），是物质及技术的竞争。

产品真相是解决消费者冲突的具体解决方案，而不仅是对产品力的描述；产品真相一定要一招致命地击中消费者冲突的要害，快、狠、准地提出解决方案，让消费者左脑理性赞同甚至钦佩，放弃抵抗，就像乔布斯提出的经典诉求——"把一千首歌放进口袋"。

产品真相是解决消费者冲突的具体解决方案，不仅是产品数据的描述；产品真相必须是能被消费者感知、识别且能被清楚表达的。

跑分系统一直是手机的诉求方式，雷军也特别喜欢用跑分系统来证明自己比"友商"更强大。

数据当然很重要，但数据不等同于产品诉求，就像跑分系统，到底有多少人能明白这些数据的意义呢？千万不要把消费者当成手机专家，消费者更喜欢"充电5分钟，通话2小时"的诉求，即便不懂黑科技，我们也能立马感受到闪充解决冲突的产品诉求；尤其，当游戏成为手机的第三大功能之后，OPPO又快速推出了年轻人一听就懂的专属广告语——"充电5分钟，开黑2小时"，激发了游戏人群强烈的购买欲。

产品真相是解决消费者冲突的具体解决方案，必须架起一座能够到达消费者具体利益点的桥梁，激发消费者购买的欲望。

比如，糖果市场还能如何激发新的消费需求？

【案例分析】雅客 V9——2 粒雅客 V9，补充每日必需 9 种维生素

2003 年，叶茂中冲突营销策划的雅客糖果，在短短一年时间内将企业销量从 6000 万元提升到了 8 亿元，成为中国糖果行业的黑马和领导品牌之一。

为什么雅客 V9 能创造销量的奇迹？为什么雅客 V9 能成为日渐萎缩的糖果市场的一匹黑马？

正是在非典时期，雅客 V9 洞察到了新的消费者冲突：

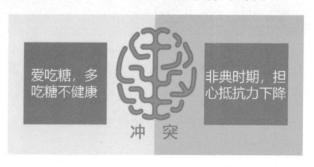

爱吃糖，多吃糖不健康，但在非典时期，人们担心自己的抵抗力下降，希望多补充维生素。所以在非典时期，出现了一个能补充 9 种维生素的糖果，这不正是糖果爱好者的福音吗？

在洞察了这个冲突以后，当时我们首先在雅客 800 多个产品类目中：

选中——滋宝水果夹心糖（含9种维生素的糖果）；

改名——雅客 V9（直接在产品名中体现产品物质属性）；

包装——重新设计（选择最能体现维生素和健康的橙色）。

在这基础上，雅克 V9 "2 粒雅客 V9，补充每日必需9种维生素"的产品诉求自然而然就诞生了。这个诉求挺长的，好像不容易记忆，但你听了，能听得懂吗？能懂，这就对了。产品诉求就是用简单直白的沟通方式告诉消费者产品拥有解决冲突的能力。

产品真相是解决消费者冲突的具体解决方案——承诺，是产品真相进攻左脑解决冲突的关键

我们要向奥格威学习：消费者不是低能儿，她们是你的妻女。若是你以为一句简单的口号和几个枯燥的形容词就能够诱使她们买你的东西，那

你就太低估她们的智商了。她们需要你给她们提供全部信息，最重要的信息是你承诺了什么好处——承诺，大大的承诺，是广告的灵魂。

进攻左脑，解决冲突，要始终记得：用户要的永远不是直径五毫米的钻头，而是直径五毫米的钻孔。消费者需要的产品真相是具体的利益承诺，是从左脑解决冲突的具体方案。

产品真相必须是一招致命的，必须做到"短凭快"：

短：强刺激，短时间内帮助消费者做决策；

凭：凭什么，给一个购买理由；

快：快速解决消费者购买时的冲突，快速下单，快速决策。

总而言之，产品真相是为了解决冲突而存在的，尤其当我们在传播的时候，必须要弄清楚哪些是主要冲突，哪些又是次要冲突。

拼多多因为洞察到了下沉市场中消费者的冲突，用"便宜"硬生生在"BAT"头部矩阵中杀出一条血路来，快速从 "一亿人都在拼"到"三亿人都在拼"。

各位看官一定认为拼多多的广告诉求就应该紧紧围绕"便宜"。但在拼多多的创始人黄峥看来，拼多多的确满足了人们的基础物质需求，但拼多多也面临了更大的冲突——消费者开始质疑产品的真伪。甚至有人笑称，在淘宝买东西，你还担心有假货；而在拼多多买东西，你肯定不需要担心，那一定是假货。

所以，黄峥做了大量的广告传播，用他自己的话来说，就是利用央视媒体的广告背书，向消费者证明，拼多多不是一个卖假货的平台，拼多多的广告语"三亿人都在用的拼多多"，就是卖一个"放心"给下沉市场中的消费者。

同时，黄峥也加快了和品牌的合作，尤其是和国美的"联姻"。很多人觉得黄峥看上了国美的供应链和物流体系，但深入再想，有国美给拼多多做背书，是不是就会减少人们内心的冲突：想上拼多多买手机，但担心到底是不是真货、到底是不是正品，是不是有必要去苹果专卖店验一下货。

产品真相是为了解决冲突而存在的，我们必须清晰地分辨清楚核心冲突是什么，才能更好地利用传播解决冲突。

四、品牌诉求——你的品牌真相是什么

右脑被称为感性脑，处理声音和图像等具体信息，具有想象、创意、灵感和超高速反应（超高速记忆和计算）等功能，有感性和直观的特点。

进攻右脑解决冲突，靠品牌真相（心理感受、价值共鸣，以及品牌的附加值等），是精神及心理的竞争。

品牌真相一招致命的前提是：品牌真相必须通往人性的真、善、美。

正如米歇尔在民主党全国代表大会上的演讲：

"When they go low , we go high."（当别人往道德的低处走时，我们要继续向高处前行。）

解决冲突的目的是为了获取利益，但不要为了利益放弃人性，坚守人性最动人、最善良的地方，是让品牌闪耀光芒的不二法则（但绝非是假大空的人性），这是叶茂中对各位看官的谏言。

情感和理智之间的本质区别是情感引导行动，而理性带来结论。

——唐纳德·凯恩（著名神经学家）

进攻右脑，是因为今天的消费者越来越智慧，互联网的技术越来越成熟，产品的本质性的差异化越来越小，利用品牌真相，打造品牌个性，才是真正差异化的诉求方式。毕竟竞争对手可以抄袭你的表面，但无法抄袭你的灵魂和内在。

但我们进攻消费者的右脑，利用品牌个性，解决消费者冲突，引发情感的共鸣，目的是打动消费者，最终引导他们购买，或者持续忠于品牌。而绝不是陷入自嗨式的感动误区，感动了自己，消费者却无感。

请问各位看官，你的企业有没有企业故事，是不是讲了一个极具匠心的创始人故事？

但这个企业故事，有没有解决你的冲突，有没有打动消费者……

褚时健的故事，感动了消费者，人们因为褚老的为人和经历，相信褚橙，购买褚橙。

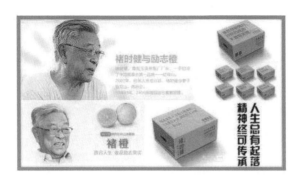

这并不是"故事营销"的成功，而是褚时健精神的感动力——因为褚老一生的传奇，他的执着和坚守，让消费者确信他种植的橙子一定好吃，最终由感动转换为购买。

各位看官，一定要明确，进攻右脑的目的，是解决冲突并促成消费者对品牌的忠诚，最终使消费者形成持久购买。

我们可以从右脑的八大基本需求中，选择一个适合的需求进攻消费者右脑。

归属感——CBD 的品牌真相

网络上有个有趣的说法：你知道全世界人口数量最大的一个年龄层是几岁吗？答案是 18 岁！因为，大多数女性从内心来说，都认为自己是 18

岁的少女！她们的内心都住着一个 18 岁的公主。

所以，当叶茂中冲突营销策划 CBD 家居时，我们发现 CBD 家居主力消费人群的年龄是 35 岁至 45 岁，并且 90% 由女性做出购买决策，面对这些女性决策者，我们的品牌真相该诉求什么呢？

每个女性都渴望年轻，从归属感而言，都希望自己能永远站在年轻族群中。35 岁至 45 岁的女性最大的冲突就是："变老但又怕老"。

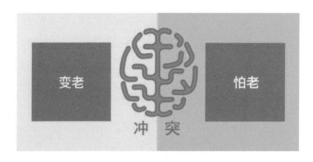

洞察到这个冲突，我们将 CBD 品牌归属到"年轻"，塑造了品牌真相——"小心！家会年轻 10 岁"。

35 岁老了吗？

45 岁老了吗？

孩子大了，我们就应该老了吗？

CBD 家居，

家年轻，心就年轻。

CBD 家居，

小心！家会年轻 10 岁。

CBD ！

我们通过递进式的三连问，放大了中年消费者"变老但又怕老"的冲突；又利用反转的方式，出人意料地警告"怕老"的消费者："小心！家会年轻 10 岁！"戏剧化的表现方式让消费者记住了 CBD 家居解决冲突的承诺："家年轻，心就年轻"，并且令人印象深刻。

价值观——品牌真相的最高境界

好的创意能够超越国界和语言的限制，因为在创意背后有人类共同的价值取向。

NIKE 可以称得上是营销界史无前例的强者，请记住，NIKE 卖的是商品，是鞋。然而，当你想起 NIKE 时，你一下子就会觉得它与其他运动品牌有所不同。

想到 NIKE，我们首先想到的一定是：JUST DO IT。

我们穿上 NIKE 的产品，就会感受到"只要你有身体，你就是运动员"的运动员精神。

NIKE 更是"乔丹精神"。

"我职业生涯错失过 9000 个投篮。

我输掉过 300 场比赛。

有 26 次主宰比赛胜利的机会，我浪费了。

我的生活不断经历着失败、失败、失败，这就是我成功的原因。"

——迈克尔·乔丹

NIKE 更是"曼巴精神"。

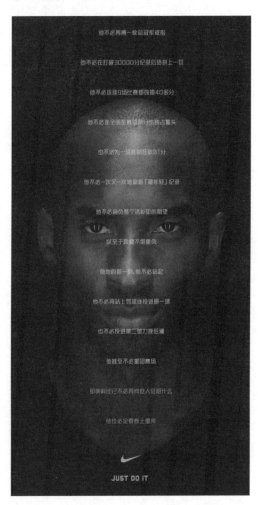

NIKE 更是"阿甘精神"。

对于热爱 NIKE 的消费者而言，NIKE 从来不是一双鞋，一件衣服，而是对一种伟大理念的支持，尤其当你逆风而行，生活遭遇各种不顺和冲突的时候，NIKE 的精神会帮助你，鼓励你，直到你"JUST DO IT"！

品牌真相，进攻右脑，不能仅仅依靠技巧，需要寻求消费者的认同，更需要人性底层的大智慧和价值观，才能激发右脑的共鸣和向往。比如苹果、百事可乐、万宝路等众多国际品牌都精通此道。

阿基米德曾经有一句名言："如果给我一个支点和一根足够长的杠杆，我就可以撬起地球。"当然，阿基米德最终没能撬起地球，因为他无法找到有效的支点，更不能制造那么长的杠杆。但对于市场营销而言，拥有足够竞争力的产品就是坚实的支点，持续不断与目标消费者精神沟通就是那一条足够长的杠杆，我们用品牌撬起地球就不是可望而不可即的梦想。

五、你的 "KISS" 是怎样的

给我一个吻，可以不可以，

吻在我的脸上，留个爱标记。

给我一个吻，可以不可以，

吻在我的心上，让我想念你。

……

塑造品牌是一场持续的"求爱"运动，而诉求的目的是为了"求婚"，那诉求就该如同"KISS"（Keep It Sweet and Simple）一样：像"亲吻"一样简单，更要像"亲吻"一样甜美难忘。

通过一个"KISS"，才能开启一段美好的关系！

诉求的目的是为了"求婚"，千万不要自说自话自嗨，提出诉求之前必须洞察到消费者的冲突点在哪里；诉求，是行之有效的告白，让消费者感动，愿意接受你，应该尽量用他们喜欢的语言、喜欢的方式、喜欢的场景……

有些话，说得都对，但消费者就是记不住。

为了让人深深记住你的吻，不妨用戏剧化的方式为诉求设计一些冲突感，利用反转、夸张、对比、比附等艺术手段，放大冲突感，让你的诉求不仅能解决消费者的冲突，更能解决传播的冲突，在粉尘化的传播环境下，这种广告语让消费者听了一下子就能"跳"起来，才能更好、更主动地被传播、被记住、被扩散。就好像叶茂中二十多年前写的"地球人都知道"，用极度夸张的艺术手段，让人们记住了这句广告语，甚至登上了春晚的小品，成为人们的流行口语。

好看的皮囊千篇一律，有趣的灵魂万里挑一。我们要成为那万里挑一的"KISS"，才能让品牌住进消费者的心里，否则你的诉求可能都比不过卖水果的老奶奶。

第四章 劝诱

广告的本质就是"劝"和"诱"

美国市郊的荒芜沙漠里，警官大卫·米尔斯拔出枪对准了嫌疑犯约翰·杜。另外一名老警官威廉·沙摩塞在旁边苦苦劝说他不要开枪："如果你杀死他，他就赢了。"米尔斯经过苦苦挣扎，最后还是开了枪。

这是电影《七宗罪》的大结局。

连环变态杀人犯杜，完成了他的最终计划——七宗罪。贪食、贪婪、懒惰、淫欲、傲慢、嫉妒、愤怒，这就是 13 世纪道明会神父圣多玛斯·阿奎纳列举出人类七宗原罪恶行的表现。

七宗原罪，七种欲望的极端表现。

人类一切罪恶，皆由这七种欲望所致。

奥斯卡·王尔德说："我能抵抗一切，除了诱惑。"

所以，消费升级的时代，我们若想让消费者放弃抵抗，不妨使用劝诱，来改变消费者的习惯！

用正确的劝和诱，才能让我们的"诉求"无往不利，快速解决冲突，甚至制造出新的冲突，开辟新的欲望赛道！

一、劝诱的必要前提——我劝你善良

聪明是一种天赋，而善良是一种选择。天赋得来很容易，毕竟它们与生俱来。而选择却颇为艰难。如果一不小心，你可能被天赋所诱惑，这可能会损害到你做出的选择。

——亚马逊创始人杰夫·贝佐斯

人是万物的尺度，人是衡量一切的尺度，人的欲望是需求还是罪恶，从其行为是否符合社会道德规范和法律法规就能看清楚。

劝诱二字，单从字面上看，似乎透着一丝危险的信号，所以，在劝诱之前，我们必须在心里放一个闹钟，设置好闹钟的警铃，以善良为边界，我们诱发的是人们对美好生活的向往，而绝非不知节制的欲望。

品牌其实就是消费者体验的总和，它包含了产品、价格、服务、广告等元素，消费者选择了哪一种品牌，某种程度上也意味着消费者选择哪种生活态度、生活方式、自我表达；品牌要成为消费者生活的一部分，必然需要和消费者人性层面的某些特质产生共鸣，品牌劝诱的前提，必须符合人性的真、善、美，才能有长远的立足之地。

越来越多的互联网企业都选择了"不作恶"作为自己的企业理念:

谷歌公司的口号全称是: "完美的搜索引擎,不作恶"(The perfect search engine, do not be evil)。

微信张小龙称:对于用户来说,他们更希望被诚实地对待,而不是被"套路"。科技要善良,因为会被看见。

The Body Shop(美体小铺)坚持反动物实验活动,爱地球的善意,让更多的女性拥护其产品。

在互联网时代,我们要劝诱各位看官从善出发,打造品牌和产品的核心价值。

传统传播时代,好事不出门,坏事传千里;

但在互联网传播时代,善良不会缺席,坏事秒传万里!

各位看官千万记得,我们要用善良之心劝诱,而绝非利用人们的善良去诱导,这两者之间有着千差万别,举一个反面的例子:

还记得这位悲苦的老人吗?苹果烂在果园里,老人愁苦的脸,引发了人们的爱心和善良。于是,人们纷纷喊话:"买买买,买下那些苹果!"

但不久之后,买下苹果的人们就不解了:老人家到底有多少产业啊?

商家利用人们的善良，诱导人们购买的行为，实则是输掉未来的愚蠢行为。

二、劝诱的战场——错觉，幻觉和心理暗示

各位看官，看到下面的作品有何感想？是否愿意挂在自家的客厅中和朋友分享？

是不是觉得有点"芙蓉姐姐"的味道？画得好像也并没有那么美……

如果我现在告诉各位看官，这幅画的作者是徐悲鸿大师的作品，名为《放下你的鞭子》，是不是立刻就会觉得画里的人变得好看一些了？

徐悲鸿大师的名字，让大脑分泌了大量"错觉、幻觉和心理暗示"的因子，强大的品牌力甚至瞬间改变了你的认知，产生了错觉：画里女生变得更美了。

在"诉求"一章中，我们强调了：

· 产品真相是解决消费者冲突的具体解决方案，而不仅是产品力的描述；

· 品牌真相是解决消费者冲突的具体沟通方案，而不仅是品牌形象的输出。

随着科技的不断迭代，新的营销和传播技术，辗转在左脑和右脑之间，左冲右突，试图寻找新的出路；而科技也让原本简单的事物变得复杂，原本复杂的事物变得简单。

技术让左脑变得越来越像右脑，更让右脑变得越来越不知其理，不明其状。

尤其在智能营销时代，品牌对消费者的争夺早已进入"错觉，幻觉和心理暗示"的层面，物质越是发达的地区，人们越是愿意为无价的生活向往和精神买单，越是愿意为了无价的认同感（错觉、幻觉和心理暗示）和社会价值买单。

冲突不断迭代升级，营销不能只停留在"认知"的浅层，更需要深入消费者自身尚未觉察的"错觉、幻觉和心理暗示"的深层进行劝和诱。

海子说："我要做远方的忠诚儿子，和物质的短暂情人！"

远方其实就是人们内心对"错觉、幻觉和心理暗示"的美好向往。

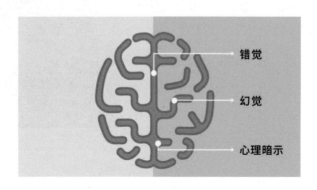

我们不仅要利用消费者的"错觉、幻觉和心理暗示",有时候,我们甚至还需要主动制造"错觉、幻觉和心理暗示",这不仅能更好地解决消费者冲突,还能让你的对手"闻风丧胆"。

《孙子兵法》有云:是故百战百胜,非善之善也;不战而屈人之兵,善之善者也。

在孙子看来:常胜将军并非是最厉害的,能够不动一兵一卒,就让敌人屈服,才是最厉害的谋略。

诸葛亮大摆空城计,制造了城里埋伏数万士兵的"错觉、幻觉和心理暗示",吓退了司马懿 15 万大军。

比尔·盖茨也深受《孙子兵法》的启发,在微软的全盛时期,利用微软的市场势力,在新产品发布之前的较长时间里,就通过预先宣布新的产品即将问世或者即将升级,在行业内制造恐惧、不确定性和怀疑的氛围,让消费者期待市场领袖即将推出的新产品,制造了消费者的"错觉、幻觉和心理暗示",从而阻止了他们去购买竞争产品,先一步冻结了市场——这种做法被称为"雾件"。

总而言之,兵不厌诈(营销就是战争)。

【案例分析】三一重机制造了什么"错觉、幻觉和心理暗示"

根据中国工程机械工业协会挖掘机械分会行业统计数据,2018 年 1 月至 12 月纳入统计的 25 家主机制造企业,共计销售各类挖掘机械产品 20.4 万台。其中三一重机销售近 4.7 万台,刷新单年度挖掘机销量纪录,市场占有率提升至 23.1%,超市场第二、三名之和,销量连续第 8 年稳坐行业"头把交椅"。

而在 2010 年年初,挖掘机的市场格局和现在大相径庭:以小松为代表的日本品牌占据市场主导地位,市场占有率超过三分之一,欧美品牌市场占有率基本稳定，而国产品牌在市场中只分到了一块小蛋糕。即使当时三一重机已经进入了国产品牌的第一梯队，其年销量也仅仅是全国第六名。

　　三一重机的主要目标人群是 25~35 岁的农民群体，他们的信息量相对比较狭窄，能接受到的品牌信息相对闭塞，在他们的认知中，日本小松这些进口品牌相对而言质量会更好一些，所以大多数人都选择了购买进口品牌。

　　如何帮助三一重机迅速从日本等进口品牌中突围呢？

　　消费者只会相信他们认为的事实，消费者认为进口品牌更好，你再怎么摆事实、讲道理，也无法快速改变他们的认知；与其对消费者就具体功能和技术指标进行理性说教，不如"制造错觉、幻觉和心理暗示"，激发他们的"从众效应"。

　　如何让消费者感觉你的产品比进口产品更好呢？

　　简单、直接、一招致命——叶茂中冲突营销在给三一重机策划时，制定了"三一挖掘机第一"的战略方向：通过"销量增速第一、服务品牌第一、产品系列第一、产能全球第一、创新能力第一"等多个第一的诉求，制造了消费者的"错觉、幻觉和心理暗示"；给他们以强大的"三一是第一"的心理暗示，驱动他们内心的"从众效应"，改变目标人群对品牌的接受度。

事实证明，三一重机的"第一战略"，快速解决了消费者认知和事实之间的冲突，在短时间内引爆了市场，使得三一重机市场销量，当年迅速从第六名变成事实上的第一名。

2010 年年底，三一挖掘机全年销量达到 20614 台，市场占有率为 12.3%，高出小松 0.3 个百分点，成为事实上的行业第一。

2014 年，三一重机市场占有率达到 15.1%。

2015 年，三一重机市场占有率达到 17.7%。

2016 年，三一重机市场占有率达到 20%。

2017 年，三一重机市场占有率达到 22%。

2018 年，三一重机市场占有率达到 23.1 %。

2019 年，三一重机实现营收 756.65 亿元，同比增长 35.55%。其中，挖掘机销售收入 276.24 亿元，同比增长 43.52%，国内市场连续九年位居第一。

强大的品牌能改变消费者对产品的认知，关键是要利用或者制造消费者的"错觉、幻觉和心理暗示"，解决现实自我和理想自我之间的冲突。

在未来的竞争中，产品当然很重要，但它很可能只能成为竞争的起点，而不是决定胜负的关键；消费者在追求产品真相的同时，更渴望寻找一个懂他们、了解他们，并且帮助他们建设更美好生活和自我的品牌，尤其是那些能满足他们的"错觉、幻觉和心理暗示"的品牌。

三、劝诱的本质——科学的说服，艺术的诱惑

《科学的广告 + 我的广告生涯》和《广告的艺术：乔治·路易斯论大众传播》是广告界最出名的两本书。广告究竟是科学还是艺术？

用一句经典的话来回答：

不管黑猫、白猫，能抓住老鼠就是好猫！

不管是艺术还是科学，能够解决冲突，就是"好猫"！

解决冲突，我们既要用科学的劝告，也需要艺术的诱惑：

劝是靠科学推动，推动并催促消费者睁开眼睛，注意你的产品和品牌，相信产品解决冲突的能力。

诱是靠艺术拉动，吸引消费者的视觉、听觉、嗅觉、触觉等感觉，让他们爱上品牌解决冲突后的美好世界。

劝必须符合逻辑、常识，目的是建立信任，让人相信。

诱必须源于生活又高于生活，目的是激发欲望。

请注意，劝诱不是勾引，劝诱是从容的、巧妙的、精致的、性感的、和煦的；勾引则是焦躁的、简单的、粗糙的、赤裸裸的、刺激的。

马未都曾经说过，真正的销售高手，说出第一句话，就立见高下。

有一次他去参加一个画展，销售人员纷纷向参展的富豪推荐艺术家的画作，有的人说画有多名贵，有的人介绍画家的价值……富豪虽然心动，却迟迟没有行动，这时有位销售高手问富豪："您家的墙面是什么颜色的？"

富豪被他的问话所"劝诱"了，马未都也对他刮目相看，从墙面的需求出发，推荐更能满足富豪的画作，难道不比单纯地贩卖画作的价值感，更直接而有效吗？

无论是科学的劝说，还是艺术的诱惑，我们都要向这位销售高手一样，先找到消费者内心的"墙面"，再进攻左右脑，提出诉求，营销才能一招致命。

如今的消费者越来越贪婪，他们往往鱼和熊掌都想兼得，既要你科学地论证解决冲突的能力，更希望你能提供更艺术的解决方案，所以越来越多的品牌选择了科技和艺术双重手段，解决消费者冲突，激发消费者欲望。

优衣库因其"LifeWear 服适人生"的理念被消费者所喜欢，在快时尚越来越有危机感的时期，优衣库凭借其功能性和性价比，依旧保持增长的势头，但优衣库创始人柳井正明白服装品牌解决的冲突不仅停留在穿好、穿暖的基础层面；更要引发消费者对美、对自信、对魅力的欲望：既要用科技感劝说消费者购买，更要用艺术范诱惑消费者长期购买。

劝：比一只气球更轻的 ULD 高级轻型羽绒服系列。

优衣库通过一只气球展示羽绒服的轻盈——绑上同样的气球，高级轻型羽绒能轻松"起飞"，而普通羽绒服则稳稳地沉在地面，简单粗暴、一招致命地让消费者明白了 ULD 高级轻型羽绒服的产品真相。

诱：优衣库每年都和 NIGO、UT、KAWS 等品牌发售联名款，尤其是和 KAWS 合作的联名产品，一经推出就遭到疯抢。柳井正还请来木下孝浩——日本潮流教父，操刀《LifeWear》杂志，第一期与优衣库 2019 年秋冬新品同步问世后，就在各大社交媒体平台上掀起话题。

科学和艺术，两手都要抓，两手都要硬，既解决了穿衣的本质冲突，还激发了"潮流"的新冲突；通过持续迭代、不断诱惑，才能让优衣库赚得盆满钵满，更让优衣库成为永不落幕的时尚风向标。

但各位看官，千万记得劝诱的目的是为了解决消费者的冲突，绝不要只是停留在贩卖商品或者制造欲望的基本层面：优衣库让羽绒服变轻，解决了消费者想保暖又怕羽绒服太厚重不好看的冲突；和艺术家跨界出售纪念款，解决的是消费者想买艺术品又没太多钱的冲突。劝和诱都必须围绕消费者冲突展开，这样诉求才有价值。

四、劝的三重境界

一般来说，消费者态度的形成有三个阶段：

·第一阶段：依从（迫于压力）；

·第二阶段：认同（情感联系发生改变）；

·第三阶段：内化（价值观发生变化）。

根据消费者态度形成的规律，我们可以抓住第一时间点，放大"劝"的势能，增加消费者的信任度，在第一阶段简单、直接，一招致命地解决冲突！

"劝"是征服，而不仅仅是说服

各位看官，营销中的"劝"，和现实生活中的劝架有非常大的区别——营销中的"劝"，目的性极强，是以成功为目的的"劝"；必须具备征服性，攻击性。

"劝"之前，你就必须设计好自信度、可信度和气场，就好像名角登台，不必开口，就能引来全场叫好。

当人们质疑科比不行了的时候，科比的一个眼神，就足以打消人们的质疑，当然在他眼神的背后，你一定会读懂"凌晨四点的洛杉矶"。

在"劝"之前，你就必须准备好自信，才能确保消费者在第一时间就能相信你解决冲突的能力， 这也就是克林顿为什么一定要在他的竞选口号——"笨蛋，问题在经济"，特意加入"笨蛋"的原因。第一时间，打

击了竞争对手，增加了自信，获得了美国民众的支持。

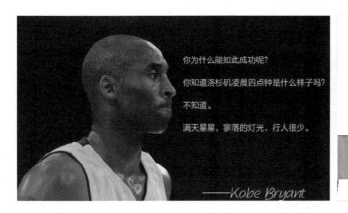

你为什么能如此成功呢？

你知道洛杉矶凌晨四点钟是什么样子吗？

不知道。

满天星星，寥落的灯光，行人很少。

——Kobe Bryant

"劝"之前，我们必须做好心理设防——我不会听你的，除非你是对的。"劝"是通过强大的拉力进攻消费者的左脑，通过各种手段给消费者一个购买的理由，一个无法拒绝的理由，其实也就是"劝"消费者向自己内心屈服的过程。

举一个甲壳虫的例子。

看看这则德国大众甲壳虫的广告——"Think Small."

想想还是小的好。

"劝"必须可感知

当消费者对你产生了信任的火花，我们就该进入第二个阶段：消费者需要实际的证据来相信你解决冲突的能力，你必须提供"事实、证明、数据……"而这个阶

Think small.

段的"劝"，必须以消费者为中心思考，你所提供的产品信息，必须都转化为消费者可感知的产品真相，务必记住，提出诉求的目的是为了解决冲突，千万不要徒增传播上的冲突。

消费者要的不是数字，他们也未必想听你的故事（除非你是乔布斯），他们更没有时间来研究你的发明专利，他们要的是结果、结果、结果——解决冲突后，他们能享受到的结果是什么？

不要告诉我你的车跑得很快，我也不想知道你的车在 0～100 公里的加速时间是 4.5 秒还是 9.5 秒，我只想在起步时享受超越一切的快感和遭人嫉妒的眼神。

不要告诉我，相机的像素是 200 万还是 2000 万，我只想知道，你的相机能清晰地拍到猎户星座吗？

不要告诉我，舒肤佳香皂比普通香皂能多杀灭 999 种细菌，我只想知道，面对冠状病毒，它是不是能更好地保护我的健康？

宝洁曾经是数据广告的开创者，相信各位看官一定记得，佳洁士利用鸡蛋对比的广告，海飞丝利用黑色礼服的实验广告。但进入智能营销时代，需求迭代、冲突升级、消费者注意力稀缺，让宝洁更快速地进入了"效果广告"的时代——摆事实、讲道理很重要，但我能否感同身受更重要！让消费者快速感知产品解决冲突的能力，才是"劝"的关键！

佳洁士的广告不仅告诉你产品有 7 重功效，更告诉你只有美白的牙齿，才能让你拥有自信笑容。

海飞丝的广告不仅告诉你头屑带来的烦恼，更告诉你"第一印象，只有一次机会"，去面试之前，还不赶紧用海飞丝？

帮宝适的纸尿裤，不仅用实验证明产品的透气性强大，更关心宝宝只

有良好睡眠，才能确保大脑发育健康，"冠军"宝宝的梦想不能被湿湿的
纸尿裤干扰。

……

摆事实、讲道理依旧是有效的营销手段，但和以往不同的是：我们必
须尊重消费者的时间成本，不要把消费者培训成专家，而要快速有效地让
消费者感知到产品真相，这是"劝"能成功的前提，否则数据只是冰冷的
数字，毫无价值。

各位看官，务必牢记，"劝"的目的是解决消费者的冲突，而不是教
育消费者，摆事实、讲道理、给数据的前提都必须把消费者的冲突放在首位，
消费者要的不仅是标准答案，更需要的是可感知的答案——姚明就是解决
冲突的高手。

曾经外国记者总想找个机会讽刺中国男篮，那位记者故意说起中国男
篮在里约奥运会惨败的事情，并问姚明："中国有 14 亿人，怎么找不出 5
个会打篮球的人呢？"

如果你是姚明，你会如何解决冲突？

摆事实，还是讲道理，给数据？

姚明反问道："怎么美国 3 亿人里都找不到 1 个会打乒乓球的人呢？"

各位看官，记住，我们的目的是解决冲突，而不仅是证明自己的强大！

"劝"的最高级，是激发共感！

从相信到确信，再到深信不疑，晓之以理只是第一步，"劝"不能仅
仅停留在产品层面，更需要深入冲突的核心，动之以情才是关键一步，需
要我们从消费者的冲突出发，用与消费者同频共振的共感力，打造产品真相，
输出品牌诉求，激发消费者内心的渴望。

【案例分析】忠实的莫扎特粉丝——朱利安先生

纽约市长朱利安被认为是有史以来最具有创意能力的市长，他只花了一年时间就使纽约犯罪率最高的中央地铁站的发案率下降了 33%，他是怎么做到的呢？

他调整了全站台的背景音乐系统，开始 24 小时不间断地播放莫扎特的音乐。据《纽约日报》报道：这些不绝于耳的莫扎特的音乐，彻底摧毁了地铁站原有混乱的犯罪氛围。那些小偷堵不住耳朵，在莫扎特的音乐中不由自主地觉得行窃的做法是不对的；那些毒贩也堵不住耳朵，在莫扎特的音乐中似乎也觉得浑身不自在；强悍的黑帮老大更是觉得无趣，在莫扎特的音乐中聚众斗殴，无论怎么叫喊冲杀也欢快不起来。朱利安正是利用了人们向善的情感，解决了冲突，进行了"劝"。久而久之，中央地铁站的闲杂人员变得越来越少，犯罪率自然就下降了。

莫扎特大师想必也会欣慰吧。

在这种强大外力下做出的改变，如同一瓶无坚不摧的催化剂，随时瓦解人类社会的意志，最终促成转变。

人的大脑是一个极为复杂的结构。

表面上看，大脑的基本功能如同电脑的处理器，收集信息、分类存储、处理反馈，是一台精密的仪器。

但继续往深层次研究，大脑其实和电脑根本没有一点相似之处。我们无法记住所有信息的细节有没有疏漏，我们也无法在瞬间进行过于精密的运算，最重要的是，我们不能像电脑一样，进行无误差、无波动的判断。

人类，是最复杂的情感驱动型的生物。

虽然复杂，但我们身上总会有一些共性，比如对善良、美好、公平、

自由……这些共同的特性，所以，即便是罪犯也会被莫扎特的音乐影响。

营销需要科学地挖掘出人性中这些共性层面的渴望，制造冲突，感动消费者。

马斯克为什么一直在贩卖"太空梦想"？

"有很多事情让人们对未来感到悲伤或沮丧，但我认为成为一个太空文明是让你对未来感到兴奋的事情之一。"——马斯克

当马斯克的电动车频频陷入危机的时候，"太空梦想"总是一次次成功挽救了他。

2019 年，马斯克正式发布了皮卡 Cybertruck——马斯克将其命名为登陆火星的卡车。在 Cybertruck 的发布会上出现了极为尴尬的一幕：马斯克用钢球测试新车玻璃强度时，号称为"装甲"的玻璃被砸碎了。但这点"失败"也无法阻挡人们对太空的热情。当天马斯克表示，这款车的预订量已达 20万辆，他还调侃地表示："没有广告，也没有付费代言，需要的只是几扇被打碎的车窗。"

真正能够劝服消费者的，只有消费者自己；消费者只会屈服自己内心的渴望和感动。

如果你的产品和品牌本就符合他们内心的渴望和感动，即便你的产品不完美，消费者也会欣然接受。

所以"劝"之前，不妨问问，你的产品和品牌是否能够感动消费者？是不是消费者渴望的？

如果我们能找到消费者内心原本就存在的渴望和感动，然后将这些"原本就存在的渴望和感动"导向产品和品牌，是不是不用"劝"，就会让消费者主动屈服呢？

就像乔布斯说的，不要贩卖苹果，你只需要把苹果放进伊甸园中。

科学的"劝"，是洞察消费者内心的渴望和感动，是解决冲突的核心关键。

但要激发消费者的欲望，我们还要利用艺术的"诱"！

五、"诱"的五个入口

在一个流量世界里，把流量转化为存量的第一步，首先要快速吸引人们的注意力——所看、所听、所闻、所尝、所感，但凡能触及消费者的入口，我们都可以设置"诱"的按钮。

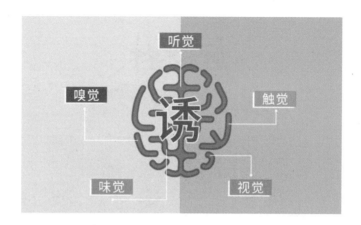

诱的目的就是要通过在消费者颅内制造冲突、引发欲望，最终使消费者达到"颅内高潮"，从而促成购买行为，让消费者放弃抵抗诱惑。

看——要做"第一眼美女"

眼睛是心灵的窗户，也是欲望的窗口。

内在美很重要，但外在美也很重要。

美好的事物才能吸引向往美好的灵魂，才能激发人们对更美好生活的向往，也才会为产品和品牌开辟新的赛道。

3B 策略，一直都是解决消费者购买前冲突的重要手段。

3B 诱惑，分别是"Beauty、Beast、Baby"，也就是美女、动物、儿童。

天仙般的美女、襁褓中的婴儿、可爱的动物最能获得人们的怜爱和喜悦，也能够瞬间拉近产品与消费者之间的距离，很多广告人将其视为指导广告创作的圭臬，或称之为"黄金法则"，认为这三者最容易抓住消费者的心理，赢得受众的喜爱。

提出独特的销售主张的广告大师罗瑟·瑞夫斯也说过："多少次站在便道上和朋友谈兴正浓，我却忘了谈话的主题——都是因为当时有漂亮女郎在穿越马路。"

最早使用性感策略的当属 Calvin Klein（简称 CK），CK 至今都坚持着时尚圈的真理：Sex sells（性感能大卖）。

早在 1980 年的时候，CK 就请来了当时年仅 14 岁的波姬小丝拍摄牛仔裤的广告。

"你知道我和 CK 之间隔着什么吗？什么也没有。"

这句广告语让人浮想联翩……

时至今日，性感不再局限于女性；"小鲜肉、肌肉男、人鱼线……"都成为新一代多元化审美的取向。Beauty 策略的关键是要掌握好度，我们是要诱发消费者对美的欲望，而不是犯罪，千万别滥用美丽。

天使般的笑容，可爱的萌宠，也许你看见的第一眼，它们就能捕获你内心的柔软。这就是为什么依云坚持用婴儿、舒洁用狗拍广告的原因。

就像相亲大会，我们要珍惜和消费者的第一眼缘分——在始于颜值，忠于人品的时代，解决消费者视觉的冲突，是第一步。

各位看官，你的颜值解决了什么冲突？

是否诱惑了消费者？

听——耳朵也会"怀孕"

科学家研究发现：声音犹如打开大脑感受力的一把钥匙，通过"共振"的行为，能够激发大脑深层的部分。在医学界，医生发现患者在手术时听音乐，止痛药的使用剂量可以减半，尤其是竖琴等这类历史久远的乐器，能帮助患者在接受手术时进入更深层次的平静状态。

我们要利用消费者的喜好，释放声音的美丽，让他们觉得自己的耳朵"怀孕"了。

耳朵"怀孕"的结果，自然就是会产生渴望，转化消费行为：可口可乐的"滋滋滋"冒泡声，会直接激活消费者的感官记忆，引发消费者咽口水的行为。

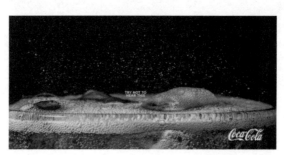

连锁餐厅Applebee's推出了一个超长的烤肉视频。视频没有任何剧情，只有牛排在烧烤架上的画面以及发出的"滋啦滋啦"的声音，消费者就一直痴痴地听着，直到广告结束。

研究更是发现：

如果超市播放的是世界经典的乐曲，就有可能卖掉更多的葡萄酒；

如果超市播放的是流行音乐，那就会卖掉更多的啤酒；

要诱惑消费者的耳朵"怀孕"，你想播放什么？

闻——你的品牌是什么味道

爱上一个人，就会爱上他的味道；人们对气味的敏感程度，仅次于视觉。对气味的感受，也带了一层虚幻的色彩和不可言说的氛围。好闻的气味是什么呢？是和脑海中的美好回忆紧紧联系在一起的，闻到青草香是否会想起年少时初次踏青的那个雨后下午？闻到海风味是否会想起初次踏上粗糙的黑沙滩时，面对无尽的大海嘶哑呼喊出的无畏誓言？

为品牌定制一个香味符号：奔驰特别注意消费者打开车门，扑面而来的"新车的味道"，为此特调了汽车香水；朗廷酒店为了让消费者有"回家的感觉"，研发了 Ginger Flower 香水。

"广告是有毒气体,绝对能攻击你,让你的肺炸裂开来",你想让你的品牌散发出什么样诱惑的味道呢?

触——再也停不下手

触觉最直观的感受来自于双手,双手上面布满了神经元,当你触摸过一件物品的时候,你的大脑立刻会判断这个东西是精美还是廉价,并且不同的人对触觉感官的需求是不同的。

女性曲线的设计触感,让可口可乐的玻璃瓶成为百年经典——特别好握,哪怕是孩子小小的手也能轻松握紧瓶身的腰部。

乔布斯:"当你打开 iPhone 或者 iPad 的包装盒时,我们希望那种触觉体验可以为你定下感知产品的基调。打开包装,触摸产品,其实也是消费者的体验尤为重要的一个环节,我们必须用触觉让人产生愉悦感和满足感!"

《围城》一书中有这样一个场景:返华的游轮上,有位打扮火辣的鲍小姐,上着绯霞色抹胸,下穿海蓝色短裤,看的船上一众中国男留学生心头起火、口角流水。顺便给鲍小姐起了个外号叫"真理"。因为真理是"赤裸裸"的，当然鲍小姐并非一丝不挂，所以他们又修正为"局部的真理"。

看来现如今，雄性在追求"真理"的道路上也越走越远，至少现在已经找寻到了"局部的真理"。

五感，是人类的本能。但人类在更复杂的种群构成形式和更饱满的情感力量驱动下，五感激发了比生存更为重要的目标和要求，不仅是本能，更是尊重、认同、自我实现。

所以一个真正高级的销售人员，出售的绝对不是商品；一个高级的诱惑，原料也不仅是好看的、好听的、好闻的东西，而是情感，是关注、是沟通，甚至是梦想。

基于五感之上，更人性的"诱"，我们将其归于 3F

亲情（Family）、友情（Friendship）、爱情（Forever Love）。

血缘的传递缔造了亲情、无私的帮助与体贴是友情，而爱情更是人类文明生生不息的基石。以亲情为例，一个平淡但是娓娓道来的小故事，就能真正打动消费者。比如中华汽车的故事：

如果你问我，世界上最重要的一部车是什么？

那绝不是你在路上能看到的。

30 年前，我 5 岁，

那一夜，我发高烧，

村里没有医院，爸爸背着我，

走过山，越过水，从村里走到医院，

爸爸的汗水湿遍了整个肩膀，

我觉得，这世界上最重要的一部车是——爸爸的肩膀。

今天，我买了一部车，

我第一个想说的是：阿爸，我载你来走走，好吗？

中华汽车，永远向爸爸的肩膀看齐。

一句"向爸爸的肩膀看齐"，不知道打动了多少为人子女的心。当消费者被广告所渲染的情感打动的时候，消费者就被劝诱了，在声情并茂的语境下变成了广告的"俘虏"。

而"爱她，就请她吃哈根达斯"这句话像爱情的蠕虫病毒一样对女人有着无穷的诱惑魅力，仿佛只有如此才能印证爱情的纯真和浪漫。独特的劝诱使得哈根达斯和送玫瑰一样成了浪漫的象征，有趣的是白领人群都认为哈根达斯比雀巢、和路雪的产品档次高，鲜有人知的是 2001 年 12 月哈根达斯就已经归于雀巢的旗下了。

至于友情，则被"拼多多"淋漓尽致地发挥在"是朋友就砍一刀"的社交营销模式上。

"就差你一刀了，快来一起砍价！"

"天涯若比邻，帮我砍价行不行！"

"是朋友，就帮我砍一刀！"

拼多多把友情的"诱"放大到了极致——一个链接甩给你，一声朋友"绑架"了你，不管什么产品，是朋友先帮我砍一刀，很多人笑称，逃过了拼团，却没逃过拼多多的"砍一刀"，原因很简单：友情是我们很难抗拒的感情。

艺术，是"诱"的原点

"苹果之所以能与人们产生共鸣，是因为在我们的创新中深藏着一种人文精神。我们认为伟大的艺术家和伟大的工程师是相似的，他们都有自我表达的欲望。事实上，最早做 Mac 的最优秀的人里，有些人同时也是诗人和音乐家。"

——乔布斯

每个人生来都是伟大的艺术家，只是经过时间的流逝，有些人忘记了艺术的本能，有些人迷失了艺术的方向，但我们内心都预留了一个重启的按钮，等着艺术灵魂的感召。

源于生活、高于生活的艺术，是成功"诱"的前提，也是解决人们现实自我和理想自我之间冲突的按钮。各位看官，你找到了吗？

六、广告的本质就是劝诱

广告的本质就是劝诱——劝说别人，诱惑别人。当然"劝"要有一定的量，"诱"要有一定的质。

"劝"的前提——不要代替消费者思考。

广告就是广告，广告是商业的一种表现形式，它首先是商业，然后是艺术。我们不会把自己的个人喜好带进我们的广告里，带到我们的客户那里。叶茂中冲突营销所有的创作都最忠实于自己的座右铭，即不要代替消费者思考。

"诱"的前提——要倾听消费者的心声。

广告是一种关于人的学问，更是大众文化的表现，必须包容各种意见，表现一大群人现存的价值观、集体的心理、文化、道德观。传播大师说："广告的内容应该要涵盖消费者的经验。"而"消费者经验"的来源，就在于我们对消费者的关注、与消费者的沟通之中。消费者不会倾听我们，除非我们曾经倾听过他们的心声。

其实，最具有销售力的广告往往是最简单、最平常、最原始、最纯朴的广告。它可能不是创意人最欣赏的，不是广告商最喜欢的，但它是消费者最需要的。对产品广告而言，还有什么比消费者的需要更重要的呢？这就好比同样是食品广告，一个广告播放后，人们说："真饿啊，让我们去吃它吧！"这才是真正伟大而有效的广告。奥格威的话历久弥新，愈发体现出其价值所在：我们卖的不是牛排，而是牛排的滋滋声。没错，卖牛排的是"郑屠户"，卖滋滋声的才是营销人。

第五章　重复

就是一次一次一次一次一次一次一次

做一样的事情

　　奥斯维辛集中营里流传着这样一个故事：一个犹太人被关进集中营后，每天早上都会和负责关押他的军官打招呼，每天重复相同的动作，重复相同的问候语。军官并不理睬他，但这个犹太人还是坚持每天重复、重复、重复……

　　有一天，这个集中营接到处决犹太人的命令，便把监狱里的犹太人一股脑儿赶出来，让他们在外面站成一排。

　　决定他们命运的就是这个军官，每个人依次走到他面前，他向左指就意味着处决，向右指就意味着可以生还。

身穿囚服的犹太人，在军官眼中毫无差异，他的手指漫无目的地随意摆动，向左向右，随意宣判死亡或是生还。

每个排队等待裁决的人都面如土色，那个每天重复打招呼的犹太人，来到军官面前……

军官依旧面无表情，停顿了片刻，向右指了生还。

重复看似无用，实则恰恰相反，在表面枯燥的重复之下，往往隐藏着强大的力量。每天微小力量的叠加，最终会累积成巨大的影响力，潜移默化之中就改变了军官手指的方向。

一、重复是解决传播冲突的关键

打造品牌路径的"四部曲"：

- ·提炼出品牌核心价值；
- ·用正确的策略和杰出的创意表现核心价值；
- ·一次又一次地重复积累；
- ·在消费者心智中形成一对一的品牌联想。

在这四部曲中，提炼品牌核心价值就是考验我们发现冲突、提出诉求解决冲突的能力；用正确的策略和杰出的创意表现核心价值就是考验我们劝诱的能力。在很多企业看来这是极为关键的两步，但在叶茂中冲突营销看来，最艰难的并非第一条——提炼品牌核心价值就好比选择正确的道路，企业自初创开始，会给予品牌最高的重视度，往往会赋予最大的耐心和资源；然而到了品牌维护阶段，由于人性的贪婪和多变，"坚持初衷"往往成为

一种稀缺的品格，"一次又一次地重复积累"往往很难被企业接受。不仅如此，更多广告公司的同行，为了证明自己的实力，更是不遗余力地改变之前企业为品牌所做的建设，品牌不断被赋予新的面貌。但一个品牌要想真正成为消费者心智中的品牌，就要解决传播碎片化的冲突，进而在消费者心智中打下烙印，而这一切要建立在"重复"的行为之上。

1954 年，李奥贝纳将万宝路定位为男人的世界。仔细想想，60 年了，万宝路的广告里都出现过什么呢？牛仔、牛仔、牛仔，还是牛仔，非要说不同的话，最多也就是场景有点小变化：马上、草棚里、山中篝火旁，但万变不离其宗，在哪无所谓但牛仔不可少。

万宝路的老总曾经十分不满李奥贝纳白白赚了他那么多年的钱。

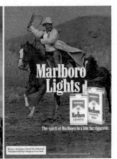

李奥贝纳则说："你花了那么多钱，不就是让我监督你不要换掉牛仔吗？否则品牌的魂就没了！之前所有的传播也都浪费了！"

60 年一甲子，我想，正是因为双方在这 60 年的时间里一次又一次坚定重复的策略，最终才树立起了完美的品牌联想——万宝路，男人的世界！

当下，留给品牌形成认知的时间越来越短，15 秒的广告对于"年轻一代"的消费者来说已经难以接受，未来消费者留给广告的时间只有 6 秒。所以传播的目的，就是在有效的时间内，一次又一次地重复，强化消费者对产品和品牌的记忆和认知，甚至需要制造消费者接受信息时的冲突感，最终形成"冲突——解决冲突"这样一对一的认知——在消费者需要解决对应冲突的时候，让他们迅速形成开关效应，第一个想到你的品牌和产品。

甲方常常抱怨，自己投的广告费都不知道浪费到哪里了？

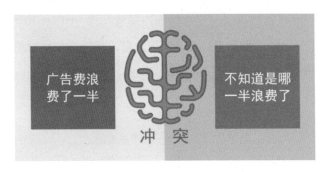

关键的一点就是你是不是做到了：重复，重复，再重复。

重复，才能解决传播的冲突！

二、重复，才能持续购买

只有一次又一次重复传播，才能在粉尘化的传播环境下，在消费者心智中形成一对一的品牌联想。然而，对于企业而言，形成品牌联想只是开始，引发消费者持续购买才是品牌的使命所在。

神经心理学家与认知心理学家认为：人们95%的消费行为直接来自于习惯。重复的目的就是要让品牌成为消费购买行为中的"惯性"要素。

先说说大名鼎鼎的动物条件反射试验。在自然状态下，健康的狗吃肉的时候，会流口水，如果饥饿难耐，看到肉也会流口水，即流涎反应。试验者巴甫洛夫先生每次给狗吃肉之前按响蜂鸣器，长此以往，狗将蜂鸣器的声音等同于食物，只要听到声音响，狗就会流下口水。

类似的实验还有很多。

通过试验，我们不难发现，重复刺激会变成习惯。对，没错，就是习惯。习惯是一个可怕的词汇，因为与之相连的往往是传统习俗的惯性、约定俗成不会更改的惯例、沉闷和单调……

马丁·林斯壮曾经说过："我们的大脑有85%的时间处于自动驾驶的状态，多数人不喜欢主动思考，所以脑部会自动根据你长久以来的"习惯"，甚至是与生俱来的"模式"自动反应，在你还没有意识到的时候，潜意识就已经为你做了选择：

早上起床一定是先刷牙、洗脸（对大部分人而言）；
早餐，中国人习惯吃稀饭、豆浆、油条、包子……
中秋节一定要吃月饼，元宵节自然要吃汤圆……

惯性会让大脑为我们自动过滤很多主动思考的机会，习俗、习惯、体验等会自动为我们做出选择，很难改变。这也就是为什么我们经常说不要教育消费者，而要迎合消费者的原因，因为大脑存在巨大的惯性，不是轻易能够改变的。

而惯性是怎么产生的？

就是由一次一次一次地重复产生的！

为什么要重复？

因为，我们要变偶然为必然，要养成消费者对产品和品牌的惯性。

我们洞察到了消费者的冲突，并解决了他们的冲突，而长久地和消费者发生关系，持续"恋情"，就需要靠一次又一次地重复。只有重复地解决消费者的冲突（只要消费者的冲突不发生迁移和变化），才能真正形成品牌烙印，把我们的产品和品牌变为消费者日常的一部分，变成惯性的有机组成部分。

　　看到这里，你一定会问，那到底要重复多少次，消费者才能产生惯性？

　　根据行为心理学的研究结果，一个习惯的形成至少需要重复二十一次——重复一个想法、重复地自我暗示，会使人记得它、坚信它，继而信赖它，最终成为习惯。

　　一旦你产生了一个简单而坚定的想法，只要不停地重复它，终会使之变为现实。提炼、坚持、重复，就是你成功的法宝。（杰克·韦尔奇）

　　每天练习挥杆一千次，即使生病了，也让护士给他拿一个小号的球杆，他在病床上躺着依然持续不断地练习挥球杆，比赛中很多动作已经重复了几千次了，球杆已经成为身体的一部分。（泰格·伍兹）

　　吃饭、睡觉、游泳。他从 12 岁开始，每天从清晨 7 点练到晚上 6 点，在游泳池中狂游约 20 公里，一年 365 天，天天如此，圣诞节那天也不动摇。生活中只有三件事，除了游泳以外，就是吃饭和睡觉，把简单的招数重复练到极致就是绝招。（菲尔普斯）

　　达·芬奇花 3 年时间画一颗鸡蛋。

　　齐白石自 27 岁起，数十年如一日几乎没有一天不画画。

　　……

　　这些人为什么厉害，能够成为世界级大师？

　　因为他们每天重复练习，直至将一项技能变成自己身体的一部分，成为一种习惯。不擅长的事情重复做就会成为你的强项！最厉害的高手，往往是将一项技能训练成自己下意识的习惯，所有的反应都不用思考就能自动生成。

　　只有偏执狂才能真正成就大事，其他人的生活或许也能多姿多彩，但

通常却是浪费光阴。

你想要让消费者认识你、了解你、信任你，并且不停地使用你的产品，就需要偏执地重复你的品牌、重复你的诉求、重复你的符号、重复你解决冲突的方法……

三、重复，必须坚持三个"一"

媒介的碎片化和数字化制造了传播的巨大冲突——消费者的注意力被严重分散。消费者留给广告的时间，留给企业传播的有效时间被大大缩减。

消费者只关心他们的生活，不关心广告，更不会给广告留时间，所以我们的广告必须从消费者冲突出发，制作消费者"需要"的广告，而并非他们"喜爱"的广告。

所以，越是碎片化的传播环境，越需要回到传播的本质：

· 让人记住你是谁；

· 让人记住你能做什么（能解决消费者什么冲突）。

让人喜欢重要还是让人记住重要？

肯定是后者更重要。

让人喜欢，只是大脑的情绪记忆，它很快就会消失，难以转化为实际的销量；

让人记住，一定是大脑的"事实记忆"，是消费者对你的实际需求点，这是不会轻易被遗忘的。

在大部分情况下，人做决策的时候是在无意识中受熟悉原则操控的。简单来说，就是看谁面熟就选谁。如果隔三岔五地换个形式，那就是耍花枪，中看不中用。消费者难道会像追剧一样看你的广告吗？不要太把自己当回事儿了，这是大忌。所以要解决消费者记忆的冲突，改变消费者善忘的本质，我们必须充满仪式感地、不停地反复提醒消费者，最终使他们形成记忆的触点，形成应激反应，下意识地想到我们的品牌和产品——这就是重复的战略目的。

所以，要让"重复"战略行之有效，就必须坚持"三个一"工程：

一个冲突，一句话，一幅画。

一个冲突——重复传播始终围绕一个核心冲突展开。表现方式可以不同，但始终会让消费者联想到品牌解决的核心冲突是什么。就好比 NIKE 的"JUST DO IT"。

一句话——消费者会主动重复的一句话。尤其，当传播进入高频重复阶段，一句可以让消费者自己也经常在生活中重复的话，会使传播价值放大 10 倍。所以，传播要想放大价值，必须要有一句能自带传播的话，就像雀巢咖啡的"味道好极了"；或者在声音识别上有一个记忆点，就好像英特尔的"等，等等等等"、马蜂窝的"嗡嗡嗡"等。

一幅画——需要为品牌制造一个视觉的记忆点：

可以是一种品牌的专属色——蒂芙尼的蓝色，爱马仕的橘色。

可以是品牌 LOGO 的活化，品牌符号特写——LV 的 Monogram 花纹；Chanel 的"双 C"。

可以是某个形象——可口可乐每一年都拍一部关于北极熊的大片。

总之，需要让消费者能够记住和品牌高度相关的元素；乱花渐欲迷人眼，

浅草才能没马蹄——面对"乱花"分辨不清的冲突，必须让消费者清晰地识别出你才是那朵"带刺的玫瑰"。所以，一幅画对品牌而言是很珍贵的品牌资产，需要在传播中一次又一次地重复，形成消费者一对一的品牌联想。

有了这"三个一"，传播就能形成线上传播和线下传播之间的互动，让传播产生叠加效应：消费者在线下看到产品广告会自动联想到线上广告的核心诉求；看到互联网的内容传播，也会自动联想到品牌解决冲突的唯一性；看到线上的电视广告，也会自动联想到线下渠道看到产品时产生的亲切感……

坚持"三个一"，最终会让品牌成为消费者身边的"熟人"；

坚持"三个一"，能让传播放大数十倍，乃至百倍的效果，让 1 亿元的投入产生 10 亿元的效果。

在 2018 年的世界杯上，我们发现各大品牌的广告中都出现了和足球相关的元素，但叶茂中冲突营销策划的知乎和马蜂窝的广告，却坚持从品牌的核心价值思考——足球是否能解决传播的冲突？如果不能，为什么一定要加入足球元素呢？而在世界杯的传播氛围之中，添加足球元素，无疑只会陷入传播同质化的竞争局面，人为地为传播制造了"无法清晰识别和区分"的冲突。

叶茂中冲突营销向来主张品牌的每一个活动，每一次传播都是品牌的一颗珍珠（消费者的核心冲突，自然就是最大的那颗珍珠），所有的广告和传播都是战略的表达和传递，哪怕是促销广告、打折广告，也都必须有机地融入品牌战略的整体之中，必须紧紧串联在一个冲突上，重复"三个一"，最终才能成为一条美丽的项链，绝不能为了眼前的利益，偏离主要冲突，牺牲长期的战略和品牌。

叶茂中冲突营销倡导的重复，并非是让品牌僵化和固执，我们需要品牌明确地判定清楚消费者的核心冲突是否发生了变化。如果没有变化或者升级，那我们就要坚定地"重复，重复，再重复"，不要单纯为了迎合消费者的"喜欢变"而放弃正确的战略方法：你一旦踏上了迎合"喜欢"的道路，就很难坚守自己的初心，最终会迷失自己的方向，更别说让消费者清晰地识别出你是谁了。在这个花花世界，"变"实则是容易的，"不变"才能显现出企业家的魄力和定力，才能让消费者一眼就和你对上眼。

四、科学的重复，艺术的重复

广告是劝和诱，是科学和艺术的结合体，科学的方法能让广告更快成功。我们要解决品牌知名度和美誉度之间的冲突，要平衡商业和艺术两者之间的关系。但最重要的，是首先要弄清楚战略需求是什么，而不是人为地用艺术给自己制造枷锁。要让广告获得成功，用奥格威的话说，就要不断地重复品牌名，以至于喊到观众都厌烦了。而对于传播而言，我们更需要重复，哪怕会和观众发生小小的冲突。

但面对如今对审美要求越来越高的消费者，我们也需要进行艺术化的重复、有技巧的重复，所以，重复其实是高水平的创作。

科学的重复是传播的本质，艺术化的重复则是加速消费者接受的技巧。

但不管是科学的重复还是艺术化的重复，我们都可以从两个维度进行重复：内容的重复和空间的重复。

内容的重复——重复你的品牌名、重复你的诉求、重复你的符号

·一个目的——不要为了重复而重复，重复要达到解决或者制造冲突的目的；

- 有技巧的重复——文字最好有变化，能产生递进式效果。如果是同样的话语，也要通过语气的轻重缓急产生变化；
- 度的把握——有技巧的重复就好像妈妈的唠叨，但要适可而止，不能让孩子崩溃。

叶茂中冲突营销有一个硬性规定：一支15秒的TVC（广告片）至少要出现三次品牌名。在马蜂窝的广告中，15秒内品牌名出现了6次；而在知乎的15秒中，品牌名出现了9次。重复会放大广告的势能，让几千万次的传播看着好像有几亿次的效果。

- "知乎"

你知道吗？

你真的知道吗？

你确定你知道吗？

你真的确定你知道吗？

有问题，上知乎。

上知乎、问知乎、答知乎、看知乎、搜知乎、刷知乎，

有问题，上知乎。

我们都是有问题的人！

- "马蜂窝"

旅游之前，先上马蜂窝！

旅游之前，为什么要先上马蜂窝？

旅游之前，为什么要先上马蜂窝？

旅游之前，为什么要先上马蜂窝？

旅游之前，就要先上马蜂窝！

马蜂窝，嗡嗡嗡。

·"九阳破壁机"

九阳不用手洗破壁机，

打打打打打，还真能打；

九阳不用手洗破壁机，

静静静静静，还静音；

九阳不用手洗破壁机，

洗洗洗洗洗，还不用手洗。

做破壁还有比九阳更久的吗！

不仅是叶茂中有这种偏执，乔布斯也特别喜欢在自己的广告中最大程度地使用重复。

iPhone 的首支广告"Hello"

"Hello" "Hello" "Hello" "Hello" "Hello"

"Hello" "Hello" "Hello" "Hello" "Hello"

"Bonjour（法语，你好）" "Hi" "Hello" "Hello"

"Yo,Yo,Hello" "Hello" "Hello" "Hello"……

　　30 个电影明星，都在重复一句"Hello"，就是告诉消费者一件事——苹果手机要和大家见面了。

　　这些都是典型的、通过不断重复制造冲突的广告语——消费者可能原本没有那么剧烈的反应，但禁不住品牌反复问、反复说，不断引发其强烈的好奇心。所以说，有技巧的重复，是一种可以把冲突放大、层层叠加的方法。

　　《中国经营报》就马蜂窝的广告曾经发表文章讨论过：

　　如果按照广告行业流行的 USP（独特的销售主张）理论分析，该广告根本就没有说明白马蜂窝是什么。既没有说明产品的"独特之处"，也没有提出任何卖点，属于典型的"无用广告"，看不懂出自哪种营销理论。但实际上，这则广告带来的结果却是：马蜂窝移动端指数增长了 316%，连续多日在苹果 APP Store 热门搜索排名第一，马蜂窝在旅游类网站排行中，除了打车类软件，居下载排行榜第一。

　　马蜂窝广告为什么看似"无用"，实则却爆发了惊人的力量呢？

　　重复的广告，就是依靠有技巧的重复，由量变最终引发质变——马蜂窝的广告重复了三遍：旅游之前，为什么要先上马蜂窝？制造了一个消费者的心理冲突，却始终不告诉消费者卖点和原因，打破了传统广告的诉求方式，不按套路提供产品诉求，激发了消费者的好奇心，就好像挠痒痒一样，不停地刺激消费者去思考：到底是为什么呢？直到消费者自己主动寻找答案，下载 APP。

空间的重复——一旦你找到了冲突式传播的关键点，便要重复曝光，打歼灭战

假如你在市中心的步行街开了一家店，生意还不错，此时你计划开第二家店，纯从营销角度来看，该如何规划选址？

很多人可能会另选一条人流密集度相似的步行街开店，原因也简单，覆盖面广，理论上可吸引更多的客流人群。但是，错！理论上正确的做法应该是在已有门店的步行街中再开一家，形成一头一尾的格局。步行街商铺林立，无论你从哪头开始逛，你都必定从一开始便在心智空间中留下对其商铺的记忆印象（当然其记忆程度混淆于诸多其他商铺之中），然后在逛完步行街之前、商铺记忆消失之前，给予消费者重复刺激，加强记忆深度，才是正确的方法。

而假设选择在另外一条步行街开店，当然，客流人群肯定较多，但两家店在消费者心智空间中又处于什么位置呢？很有可能就消失在茫茫的商铺中了。所以，你是选择 100 个对你的品牌茫然的消费者，还是选择 50 个对你的品牌已有一定印象的消费者？

星巴克在选址的时候，一旦发现优质位置，往往会租下两层：地下一层，地面一层。在市场营销活动中，很有趣的现象是，有时 1 加 1 的结果小于 2，但有时 1 乘 1 的结果却大于 2。

投放广告也是一样，一旦你找到了冲突式传播的关键点，也需要不断重复，饱和式地投放，切忌广告位和广告位之间相隔太远，这会使广告失去投放的叠加效应。

叶茂中冲突营销在为 CBD 家居制定媒介计划的时候，就是制造空间内最大程度的重复。

重复出现在商场。

重复出现在高铁等。

叶茂中要提醒各位看官的是：一旦找到关键点，就要坚持重复投放，不要轻易迁移你的阵地，OPPO 重复出现在湖南卫视的《快乐大本营》；加多宝重复出现在浙江卫视的《中国好声音》；999 感冒灵只赞助了《爸爸去哪儿》第一季，没有坚持重复，现在提到湖南卫视的《爸爸去哪儿》节目，想到的却是伊利 QQ 星，因为它坚持重复了 3 年，才有了今天的叠加累计效应。

从心理学的角度来看，记忆有四个基本的过程：识记、保持、再认和再现。

因此重复，无论是外在的形式，还是内在的内容，都必须：横向统一，纵向坚持。

· 横向统一：重复"三个一"，应该让所有的人、所有的动作都往同一个方向努力，让每一个品牌行为都保持统一。

· 纵向坚持：1年、2年……重复同一个阵地，重复同一个冲突，直到冲突发生变化。

日本"经营之圣"稻盛和夫提及：年轻时，看似资质愚钝的人，由于长期持续不断地做同一件事，于是，终将成长为卓越不凡的优秀人才。

五、重复是技术，不是内核

贾樟柯在《山河故人》里说："生活就是重复。"

此言不虚。

但对于人类而言，冲突是：我们既要重复的安全感，又极度渴望新鲜的刺激感。但人类的进化就是一次次打破安全圈，使刺激感升级，才有了今天的新世界。

重复给人带来安全感，会让人停滞在舒适区。我们重复的目的是希望把消费者"圈养"在品牌的舒适圈，让他们离不开产品和品牌。

我们要提醒各位看官的是：重复是传播的一种手段，需要我们坚持，不受外界诱惑，但前提必须是我们能够清晰地洞察到冲突，明确冲突的赛道。

重复，不能成为创新的挡路石，不能成为我们偷懒的理由和借口，面对加速变化的市场，我们必须时刻保持清醒的头脑，犀利的眼神，洞察冲突的变化；我们既要做消费者熟悉的老朋友，也要成为他们新生活的领路人。

再次重复提醒各位看官：重复做的前提就是冲突是否发生变化。

切记，切记。

第六章 产品

产品是用来解决冲突的

存在即合理，有冲突的地方就需要有产品来解决冲突——大发明家爱迪生说：你不知道男人和女人多么喜欢享受，多么贪婪。因为欲望不止，我们的"产品"也永不止步。

您觉得最伟大的产品是什么？哪些产品改变了世界？

广播：让文字变得有情感、有力量，让一个人对全世界说话成为可能；

电视：为我们开启了一扇能够远眺世界各地的窗，让我们知道外面的世界真的很精彩；

电话：让信鸽"下岗"，让邮差从最被期盼见到的人变成"路人甲"；

手机："个人行踪追踪器"，每个人不再是孤单地活在人生大海中，思念也变得不那么醇厚了；

汽车：我们不再为清理味道刺鼻的厩棚发愁了，不再有望山跑死马的感觉了。

这些产品都有一个共同的特性：当它们第一次出现在这个世界上时，

都瞬间令世界震惊，乃至彻底改变了世界，改变了人们的生活方式。

制造冲突，改变赛道，重构市场。创新产品能够取得成功，还是因为人类天生有着喜新厌旧、好逸恶劳、趋利避害的本能。

曾经有人发问："世界是被谁推动的？"

答："懒人！"

事实证明越是懒惰的家伙，越是有各种超越常人的想象和设计，最终使我们的生活变得越来越便捷，越来越舒适；而当产品上升到马斯洛需求的顶部时，产品就会牵扯社交、人性，产品就会变得复杂。

从简单到复杂，再从复杂到简单，产品是否能够留存于世，不在于产品是更好或者更糟了，而在于产品是否解决了冲突；当冲突不断升级、扩张、变化时，产品就必须迭代、创新；而如果冲突没有发生本质的变化，那么产品的底层功能就无须发生改变。

拉链：一个小塑料片能胜过一千个纽扣，至今保持原貌！

抗生素：抗生素和原子弹、雷达被命名为"二战期间三大发明"；

超短裙：夏奈尔女士伟大的设计，让女人从"仿佛没有腿"的旧世界中跳脱出来，世界从此不仅属于男人了，也属于女人了；

……

这些产品的底层功能至今都没有发生大的变化，但依旧被市场需要。

各位看官：

产品存在的价值是什么？

产品创新的前提是什么？

冲突，冲突，还是冲突！

一、鲜花总是插在"牛粪"上

世上卖得好的产品不一定是最好的产品，而是能和消费者沟通、产生价值的产品，是能够解决消费者冲突的产品。

有一次，叶茂中去湖南的大学演讲，问台下的同学，班里最漂亮的女生一般是被谁"勾"跑的？是不是成绩最好的男生？

他们说不是。

是不是被长得最帅的男生"勾"跑的？

他们说也不是。

我说那到底是被谁"勾"跑的？

底下有一个人站起来回答，是被每天中午为她排队打饭的那个人'勾'跑的。

为什么鲜花总是插"牛粪"上？

是因为"牛粪"很会服务、沟通，"牛粪"能够解决鲜花的冲突。

消费者就是鲜花般的存在，他们需要的就是能解决冲突的产品真相，而不仅是强大的产品力。

二、产品真相

各位看官，我们敲敲小黑板，复习一下：进攻左脑靠产品真相。

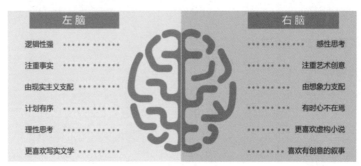

左脑，被称为"理性脑"——主要处理文字和数据等抽象信息，具有理解、分析、判断等抽象思维功能，有理性和逻辑性的特点。

进攻左脑解决冲突，靠产品真相（性能、包装、价格等），是物质及技术的竞争。

产品真相是解决消费者冲突的具体解决方案，而不仅是产品力的描述。

产品真相必须是一招致命的。

各位看官一定会问，产品力和产品真相之间的关系究竟是什么？

产品力：企业以自我为中心，输出产品的价值和信息。

产品真相：以消费者冲突为中心，传递产品解决冲突的方法和能力。

我们可以对比一下：

普通手机产品通常向消费者传达，我的产品力有多强大，是科技和艺术的完美结合。

在非洲有一款手机叫传音 Camon C8，它洞察到：非洲人特别喜欢自拍，但因为肤色的原因，光线不好时，普通手机就只能拍出一团漆黑。为了解决这个冲突，传音成立特别工作小组，大量搜集当地人的照片，最终通过眼睛和牙齿定位，在此基础上加强曝光，做到在暗光下也能拍出清晰的美颜照片。因为解决了当地消费者的冲突，传音成为非洲第一的手机品牌。

普通手机产品输出的是以自我为中心的产品力——我很好，快来买我吧；

传音输出的是具体解决消费者冲突的产品真相——我懂你，我能让你的自拍很美，快来买我吧。

高下立判，立见其效，消费者需要的是解决冲突的产品真相，而不仅是企业强大的产品力。

我们今天讨论的产品、产品创新、产品迭代都是以产品真相为基础，以消费者冲突为基础，而不仅是因为企业实力，或者是比竞争对手做得更好！

三、产品的三重属性

产品真相是用来解决消费冲突的，它来源于产品的三重属性：核心产品、实体产品、周边产品。

- **核心产品**：这是产品解决消费者冲突最基本、最主要的部分，是产品解决冲突能力的集中体现，因而也是消费者购买的真正理由。

核心产品，是消费者购买这个产品所获得的利益，就像女孩子买化妆品，是为了让自己看起来更美，皮肤更白，头发看起来更亮泽；用核心产品解决消费者冲突，必须是消费者可感知的，并且是有足够信任度的，你随便用一个卖点忽悠消费者，消费者是根本不会信的。

- **实体产品**：这是核心产品借以实现的形式，即产品向市场提供的实体和服务的形象。通常表现为产品的质量、外观特色、式样、包装和品牌名称等。

实体产品，就是你所看到、拿到、用到、感受到的产品实物，比如你拿到的化妆品是珍珠美白产品，还是氨基酸祛斑产品？是水、乳液、精华，还是面膜？

·**周边产品**：这是顾客购买有形产品时所获得的全部附加服务和利益，包括提供信贷、免费送货、保价、安装、售后服务等。比如你在购买高端化妆品的时候，商家不仅会提供免费的皮肤检测，还会赠送后期的肌肤管理服务，简单来说就是：买产品送服务。

在传统商业中，大多数产品只需要做到实体产品这一个属性，就可以拥有大量的市场，但是到了智能商业时代，产品的迭代速度远超常人想象，只有将产品的三重属性不断地打破、重组，再打破、再重组，才可以有源源不断的产品创新的机会和空间。这也就是为什么"进入互联网下半场，所有的行业都值得重做一遍"的原因。

把新鲜的变熟悉，熟悉的变新鲜——在传统行业，基于实体产品的竞争已经呈现白热化态势，如果你可以上升到核心产品层面的竞争，然后通过提升周边产品的价值来制造冲突，就可以重构赛道。

最典型的就是海底捞——出身于火锅之乡重庆，却不打"美味牌"，反其道而行之打了"服务牌"。用极致的周边产品，制造了新的冲突，凭借"美甲，擦鞋，看娃等'变态级'服务"，吸引了众多消费者，圈粉无数。

《海底捞你学不会》这本书想必大家都有所耳闻，难道海底捞不怕竞争吗？当然怕！

但海底捞认为，只要站在消费者的立场，时刻洞察他们的需求，洞察他们不断升级的冲突，就永远有机会和消费者发生美好的关系。

海底捞曾经洞察到一个冲突：一个人想吃海底捞，又怕一个人吃显得孤独。

洞察到这个冲突之后，海底捞就会贴心地为孤独的你安排一个"朋友"，坐在你的对面，陪你一起吃火锅，此项服务曾经被大众点评评为"贴心指数五颗星"。

但没过多久，海底捞就通过微博了解到，有些消费者很喜欢海底捞，但非常抗拒过度服务，过度服务与消费者隐私之间产生了冲突。海底捞立即推出了"请勿打扰"的服务——如果消费者不希望被服务员过度打扰，就能获得一块写着"请勿打扰"的牌子，把它放在显眼处，服务员就会只提供上菜、撤空盘等基本服务。在大众点评上，消费者对"请勿打扰"服务，又打出了五星高分，可见海底捞对消费者冲突的洞察之精准。最后，在"服务"的赛道上，海底捞一路领先，远远超越了那些以美味著称的餐饮品牌，获得了消费者极大的忠诚度。

　　所以，世上卖得好的产品不一定是最好的产品，却一定是最能解决消费者冲突的产品。所谓所有的生意都值得重新做一遍的原理，其实就在于：如果我们无法改变实体产品，那么是不是可以改变核心产品的诉求；如果我们无法改变核心产品，那我们是否可以创新周边产品，提供给消费者更便捷的购买路径、更愉悦的购买体验、更舒心的购买前奏？

　　产品的三重属性，您用了哪一种呢？

　　您的产品创新又能在哪个维度，重新发现冲突、制造冲突呢？

四、产品创新的前提——冲突，冲突，还是冲突！

　　人造黄油为什么必须是黄色的？

　　人造黄油刚刚发明出来的时候，其实是白色的。

　　相较于普通黄油，人造黄油的创新可谓迈出了健康的一大步——可以自然降低人类胆固醇，大大解决了"吃货们"喜欢吃又怕不健康的冲突；产品在推广之前，调研人员在盲测其味道、香气、润滑度等产品数据时，产品都得到了较高的评分，甚至有些消费者觉得比普通黄油还要香浓。

　　但没想到的是，推广到市场后，并没有达到想象之中的热卖效果。

为什么呢？

因为人造黄油是白色的！

消费者看到白色，就会觉得"味道不如原来的黄油"。

如何解决这个冲突呢？

很简单，只要把人造黄油做成黄色，然后用锡纸包装好，投放到市场，效果一试便知了。

消费者看似理性的背后，往往埋藏着许多非理性的"喜爱"，心理学家也常说，人们理性的购买决策其实都是为自己的"心头好"找一个合理的理由。所以在创新产品之前，我们必须清楚地知道消费者的冲突在哪里。解决冲突的产品创新，才能创造出会被消费者快速接受的新产品。甚至，对于"吃货们"来说，健康有可能比不过眼前的美味重要，在不妨碍美味的前提下，越吃越健康肯定才是更好的解决方案。

这也是叶茂中每天都在强调的：产品创新之前想清楚，你的创新解决了什么冲突？

所以，我们必须清晰、明确地知道冲突在哪里，才能进行产品创新。尤其在饱和竞争的赛道上，我们不能仅仅围绕实体产品进行创新，我们必须以消费者冲突为中心，寻找核心产品或者创新周边产品来提高突围的可能性。

【案例分析】珀莱雅的产品创新制造了什么冲突

在为珀莱雅策划时，叶茂中冲突营销发现：肌肤的补水市场，早就被各种细分产品，挤得满满当当。

从功能分类：有基础补水、有美白补水、有滋养补水、有深层补水……

从成分分类：有植物的、有矿物质提取的、有神秘配方的、有黑科技研究的……

在补水的产品赛道上，消费者面对同质化的产品，甚至过度承诺补水效果的产品，早已视觉疲劳。

只有制造冲突，才能改变赛道，为珀莱雅赢得头部位置。

于是，我们制造了"两瓶水比一瓶水更专业的"的冲突——将肌肤的需求更科学地分解为白天和夜晚两种不同的需求。

我们为珀莱雅创造了新的实体产品——将一瓶水更科学地分解为晨水和晚水两瓶水。

我们为珀莱雅创造了新的核心产品——让肌肤一天年轻两次！

晨醒水——肌肤在白天更容易出油，需要更清新的呵护；

夜养水——肌肤在夜晚需要更滋养的补水，从深层促进肌肤新生。

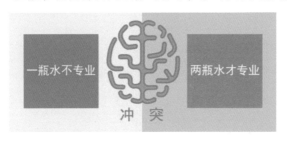

一瓶水无法满足不同时间段肌肤的需求，两瓶水才能更科学地满足肌肤需求，用"让肌肤一天年轻两次"的产品真相，攻下消费者的左脑，重构了"补水"市场。

其后，珀莱雅进一步强化了产品解决冲突的能力，推出"晨醒霜和夜养霜"。

2017年，珀莱雅成为"本土美妆第一股"登陆上海证券交易所。

人的欲望和贪婪是无止境的：吃饱了就会想要吃得更好，吃好了又会想要吃得更科学。人的欲望就是被产品创新一步步激发出来的。只有不断深度地挖掘消费者的内在需求，不断升级消费者的冲突，才能产生一个又一个的市场机会。即使是在一个物质越来越丰盛的时代，这种机会也从不缺乏。

星巴克的成功，不在于它将咖啡做得有多好，而是将消费者需求的中心由产品转向服务，继而转为体验的差异化经营，成功创造了一种"星巴克体验"。

在日本打败了星巴克的 Blue coffee（蓝瓶子咖啡），不仅在咖啡文化上不输给星巴克，更是在产品体验上从视觉、嗅觉、味觉、触觉，甚至听觉上大大满足咖啡爱好者的深度需求，成功创造了一种蓝瓶子咖啡的信仰。

市场营销其实就是研究需求，研究怎么卖、卖给谁，这是最初的考虑。实际上，人类是很贪婪的，永远都会有一些欲望没有被满足，这些没有被满足的欲望，你就要花时间，花精力去挖掘它，尤其在饱和竞争的市场中，我们必须找到那些隐性的冲突，甚至是消费者自己都尚未察觉的冲突，才能开辟出新的赛道。

任何市场都不是一块铁板，有的时候，看似被头部品牌垄断，但总因为消费者的欲望不止，才会留给产品创新一条缝隙，那条缝隙就是消费者冲突的入口，也就是产品创新的机会。

五、动个小手术

有的时候给产品动个小手术，就能制造一个冲突，获得一个新市场：

对公牛安全插座动个小手术，加了"安全"二字，就比普通插座更让人放心。

对星巴克樱花浪漫玛奇朵动个小手术，加了"樱花浪漫"几个字，就让人感觉比一般的玛奇朵更好喝了。

对滋源洗头水动个小手术，不叫洗发水，而叫洗头水，制造了一个小冲突，改变了赛道，把消费者都吸引到新赛道了。

各位看官：产品创新并不是一劳永逸的，我们必须要从自我出发，从消费者的冲突出发，不断地升级和迭代我们的产品，不断地寻找"动个小手术"的可能性。

【案例分析】九阳——从静音破壁机到不用手洗破壁机

破壁机市场在国内的普及率虽然远不如欧美国家，但其潜力却是巨大的：一方面，其性能远超榨汁机、原汁机等产品，榨取出来的果汁、豆浆等都更加细腻，营养也更加丰富，更能满足消费者对高品质食材的追求；另一方面，破壁料理机集榨汁机、豆浆机、料理机、研磨机、果汁机等多种功能于一体，所能颠覆的市场之多难免引人遐想。因此，自然也引来了苏泊尔、美的等对手的争夺与布局。

于是在2018年的4月，九阳与叶茂中冲突营销开启了合作。我们的任务，就是帮助九阳在"诸侯混战"的破壁机赛道赢得头部位置，并且形成自己的竞争壁垒，防止强敌模仿跟进。

先行者是勇敢的。

九阳选择在破壁机市场的初期就先发制人，无疑是极具战略眼光的。想要充分释放破壁机市场的潜力，对市场的教育工作自然不可或缺，但面对一群虎视眈眈的竞争对手，如果不能抵御住它们的进攻，就极有可能"起了个大早，赶了个晚集"。

如何压制竞争对手？利用九阳的品牌力固然是一种方法，但是，要想在竞争的赛道上获胜，关键不是要比对手做得更好，而是要比对手更早发现冲突，更好地解决冲突。只有洞察到尚未被对手解决的冲突，才能在消费者心智中占有一席之地。

叶茂中冲突营销建议九阳采用"显微镜式"的方式制造自我冲突，主动升级解决消费者冲突的方案，完成产品的迭代和创新，持续地霸占豆浆机和破壁机赛道的头部位置。

叶茂中冲突营销首先洞察到消费者使用破壁机时的一个冲突：一开破壁机，家里就像来了一个装修队，这种电机的轰鸣声让消费者心烦意乱。

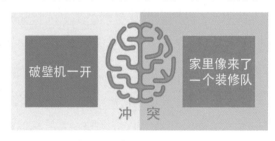

洞察到这个冲突，九阳率先推出中国首款静音破壁机，从左脑进攻解决冲突，挖掘出了"还静音哦"的产品真相。

九阳破壁机，

九阳破壁打果蔬，

九阳破壁打米糊，

九阳破壁打豆浆，

九阳破壁打灵芝，

打打打打打，还静音哦。

静音破壁机，

九阳，专注破壁技术 24 年。

做破壁，还有比九阳更久的吗？

九阳推出了中国首款静音破壁机后，随即引发了市场的关注。竞争者纷纷推出静音破壁机。美的以"变频，真静音"开始了对其变频破壁机的推广；苏泊尔以"好破壁，要静音"开始了对其全静音破壁机的推广。

面对对手的跟进，叶茂中冲突营销与九阳再次开启了第二次战略会议。

在叶茂中冲突营销看来，竞争的关键不在于盯紧对手，毕竟它们不会给我们钱。一切都要回到消费者的冲突上去思考，当噪音大的冲突已经被彻底解决时，试图说服消费者相信九阳的静音效果更好显然不是明智的选择。

身处消费浪潮中，如果不想被后浪拍在沙滩上，企业就必须具备"置之死地而后生"的心理预设，后浪不仅是指竞争对手，更是消费者的冲突需求。

因此，保持对消费者冲突升级的敏感度，是企业制造自我冲突的前提。当消费者的核心冲突升级，企业就必须迭代产品，提供更好的解决方案。

叶茂中冲突营销建议九阳应该继续以"显微镜式"的方式深挖消费者冲

突，创造新的消费需求——我们又洞察到消费者"喜欢在家做豆浆及其他饮料，但清洗机器过于麻烦"的冲突。

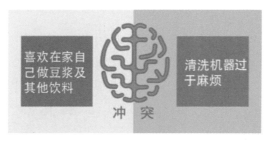

在噪音之外，清洗机器也成了一个"老大难"的问题。消费者美美地喝完自制饮品之后，一想到要清洗机器就"痛不欲生"。而九阳在行业内领先的破壁机自清洗技术，刚好能解决这个冲突。

双方经过沟通确定了新的冲突以及解决方案之后，九阳又推出中国首款不用手洗破壁机，再次开启了新一轮的传播攻势。

九阳不用手洗破壁机，

打打打打打，

还真能打；

九阳不用手洗破壁机，

静静静静静，

还静音；

九阳不用手洗破壁机，

洗洗洗洗洗，

还不用手洗哦。

做破壁，还有比九阳更久的吗？

在策略上，九阳从众多创新技术中明确用"不用手洗"的战略诉求统领豆浆机和破壁机。"不用手洗"的战略诉求激活了消费者对豆浆机和破壁机升级换代的高端需求，推动了九阳差异化优势的形成。

针对竞争对手，我们提出了"做破壁，还有比九阳更久的吗？"的核心诉求，从而在消费者认知中形成九阳技术上的绝对优势，进而形成品牌的核心竞争力。在新战略推动下，九阳豆浆机以 80% 的市场份额创历史新高，在新兴的破壁机市场，九阳以 38.5% 的市场份额牢牢占据了头部位置。九阳在 2019 年第三季度营收达到 62.55 亿元，增长 15.02%，连续多个季度实现双位数增长。

各位看官，看明白了吗？

以"新"对"好"始终是"动个小手术"的前提：

和消费者"谈恋爱"，你不能拿着二手玫瑰，因为她们不会对"旧爱"感兴趣；就像齐白石说的话，学我者生，似我者死！作为一个跟随者，是无法让消费者第一眼就爱上你的。

在"求爱"的道路上，最好的竞争，就是摆脱竞争，让消费者失去衡量的标准。在正常情况下，消费者肯定会将胡萝卜与胡萝卜进行比较，如果不让他们这样比，那该怎么比呢？

不要让自己做一个胡萝卜，而让自己成为一个苹果、梨、桃……

比尔·盖茨曾经兴奋地认为平板将是拯救微软的秘密武器，并将其命名为平板电脑，他认为平板电脑只是电脑的另一种形式，更小巧、更便捷！

但乔布斯则不同，他认为平板不应该只是电脑的延伸产品，而应该是和 iPhone 和 Macbook 并重的第三种类型的产物，将其命名为 iPad。

平板电脑就是胡萝卜，iPad 则是苹果，乔布斯坚决不做市场的尾随者，而是开创自己的赛道：现如今还有多少年轻人会用"平板电脑"呢？

现代企业竞争，大多数企业只会死死盯着竞争对手，永远无法突破胶着的竞争状态。

僵局的产生无非是因为企业和众多对手的思维方式及手段雷同造成的。营销知识的普及，是一把双刃剑，大家都明白的道理，岂能不恶战。就像买艺术品，谁都知道齐白石好，价钱又怎能不高。

还记得巴顿在和"沙漠之狐"隆美尔作战时随身带着隆美尔的书，对着战场喊：我看过你的书——学习对手，是为了战胜对手。

如何突破？

以"新"对"好"！

所谓从无法到有法，再从有法到无法，想象力和创造力才是创造差异化的关键。

在创意面前，生意并不平等。

不要迷信水桶装多少水取决于最短的一块木板，不如斜支起来先装上水再说，因为等你补好那块短木板，水早被对手抢光了。

对中国的中小企业来说，世界发展太快了，留给你完善系统的时间太少了，要想赢，就必须快，用速度来弥补不足。

人类的本性是喜新厌旧，所谓"新"，并不一定就是"好"。

创新的产品不一定是拿好和坏去衡量，而是有和没有。有就是不一样。

比如在桂林山水实景演出的《印象·刘三姐》这个项目，将歌舞表演、民族风情、漓江渔火等放在真实环境里。单拆开看，风景只是自然景点，歌舞更无法和专业团体的歌舞比，因为《印象·刘三姐》的表演者是白天在江上劳作，晚饭后划着竹排来演出的渔民，但结合起来就成了世人去桂林必看的节目。世界旅游组织官员看过演出后如是评价道："这是全世界都看不到的演出，从地球上任何地方买张机票飞来看再飞回去都值得。"

《印象·刘三姐》的表演好吗？这已经不重要，重要的是"新"吸引了大家。

对于中国的中小企业而言，发挥想象力创造差异化的时代已经来了。企业能不能做出别人做不出的东西？这个东西首先不是很完美，而是要先做出来。

经过这么长时间市场的"磨砺"，消费者心理也发生了巨大的变化。最大的不同就是产品越来越难以打动他们，他们对产品也越来越挑剔。过去是年轻人喜欢尝试新的东西，现在中老年人也愿意尝试新的东西。因为每个人都会有怕老的心理，其背后就隐藏着没有任何一个消费者甘心被时代抛弃的真相，这表现在消费者对产品的选择上，他们会越来越多地接受创新的产品。

　　这会导致一些产品的生命周期越来越短，需要企业更快速地开发新品。而这个世界也会变得越来越丰富、越来越可爱。消费者在他有限的生命里会体验到更多的东西，这是一个大的趋势。产品的生命周期越来越短是世界发展的一个表现，也会被许多目光敏锐的中小企业抓住，创造自我成长的机会。

　　以"新"对"好"的时机就是在空白的冲突盲点上，创造"新"——新的冲突、新的需求、新的产品、新的洞察、新的人群、新的观念……因为"新"，所以无从比较，所以没有竞争，所以才有机会"天下无敌"。

六、欲望，让产品变得伟大

　　优秀的产品，满足消费者的需求；

　　伟大的产品，满足消费者的欲望。

　　要成为伟大的产品，必须解决伟大的冲突，必须从消费者的欲望入手，找到更大、更持久的冲突机会。基于时代成功的产品，会因为时代逝去而消亡；而基于人性成功的产品，会让产品和品牌成为永恒文化的象征。伟大的品牌最终和消费者沟通的内容一定是高于产品、高于需求的理念，来自人的七情六欲，来自人类的欲望，比如下面的六个杯子：

伟大的产品，是能够让消费者上瘾的产品，而要让消费者上瘾，就必须解决伟大的冲突。烟、酒、茶、可乐、咖啡之所以能够"统治"世界，最重要的是它们都无一例外地满足了人类的欲望。

产品是企业的根本。如果你的产品不解决冲突，那么即便你的产品再好，功能再强大，包装再漂亮，价格再低，对于消费者来说也是一个和他们无关痛痒的物品而已。

尤其，当物质需求已经超负荷时，新产品的入口必须从人类的欲望出发寻找，才能找到更有效的市场，由消费者的欲望倒推出产品的需求，这才是王道。

钻石从来都不是世界上最有用的石头，却是价值感最高的石头，为什么？

因为它为爱情制造了"安全感"的欲望，戴比尔斯公司发现了女生面对爱情时的巨大冲突：渴望爱情又担心爱情易变，于是其用广告语解决了冲突：钻石恒久远，一颗永流传——用钻石作为爱情的承诺，把钻石的坚硬转换为"爱的承诺"，带给女生爱情的安全感，解决了女生对爱情的核心冲突。

爱可能来自于第一眼的惊艳，但一辈子的爱一定来自于内在的吻合和灵魂的匹配，企业能和消费者谈一辈子的恋爱，源于是否能够洞察消费者内心情感所归，欲望所在。

所以，想要问自己的市场有多大，首先看看消费者的欲望有多强？

在《消费社会》一书中，鲍德里亚说：“消费主义指的是，消费的目的不是为了满足‘实际需求’，而是不断追求被制造出来的、被刺激起来的欲望。”

需求让人认同，欲望让人向往。

回到开头，我的问题是，世界上最伟大的产品是什么？

其实，我们可以把视线放宽，大音希声、大象无形，也许还有更多产品可能并不存在具象、实体，但却更具意义、更具影响。这些产品里，有的令你感觉习以为常，甚至你天天生活在其包围中却不自知。有的离你可能还很远，是这辈子也到不了的终点。

·制度

·信仰

……

这些“产品”够震撼，而且这些“产品”永远得以存于世间，道理很简单，这些产品永远都在解决我们人生中最大的冲突，甚至是世界上最大的冲突。

第七章 价格

价格和价值之间存在冲突

1，2，3，4，5，6，7，8，9。

　　数字的发明，可谓是地球上最伟大的产品之一。你知道我们现在最常用的阿拉伯数字是谁发明的吗？根据名字来看，很多人都以为是阿拉伯人发明的。实际上是古印度科学家巴格达发明的，后来是被阿拉伯人传播后才被世界所熟知。

　　公元3世纪，古印度的一位科学家巴格达发明了阿拉伯数字。最古老的计数数字至多到3，为了设想"4"这个数字，就必须把2和2加起来。

到了公元 500 年前后，印度旁遮普地区的天文学家阿叶彼海特在简化数字方面有了新的突破：他把数字记在一个个格子里，如果第一格里有一个符号，比如是一个代表"1"的圆点，那么第二格里的同样圆点就表示"10"，而第三格里的圆点就代表"100"。以后，印度的学者又引出了作为"0"的符号。可以这么说，这些符号和表示方法是阿拉伯数字的"老祖先"了。

公元 700 年前后，阿拉伯人征服了旁遮普地区，他们吃惊地发现：被征服地区的数字比他们先进。于是设法吸收这些数字，把这些数字带去了欧洲，并传播开来；正因为阿拉伯人的传播，这一时期也成为该种数字最终被国际通用的关键节点，所以人们称其为"阿拉伯数字"。

在这里，我们要强调传播的重要性！

各位看官明白了吗，为什么流传后世的被称为"阿拉伯数字"，而不是"印度数字"。

谁传播，谁就可能成为品牌的持有者！

言归正传，"1，2，3，4，5，6，7，8，9"——这九个数字当然足够伟大，但是在历史的长河中，阿拉伯数字只是诸多数字记载方式中的一种而已。

印度人的厉害之处，在于创造"1，2，3，4，5，6，7，8，9"之外的那个数字。

根据目前掌握最早的证据显示，公元 876 年，"0"出现在印度瓜廖尔的一个石碑上，这个"0"正表示的是数字零。1881 年，在如今巴基斯坦西北地区发现的"巴克沙利手稿"，更证明了早在公元前 2 世纪到 3 世纪，印度就出现了 10 个完整的十进制数码，用点"●"表示"0"。

很有意思的是，因为"0"的诞生地在古代印度，它的起源自然深受佛教大乘空宗的影响。"0"的梵文名称为"Sunya"，汉语音译为"舜若"，意译为"空",强调"一切皆空"。"0"乘以任何一个数,都会使这个数变成"0"。"0"的这一特殊性就反映了"一切皆空"这一命题所留下的痕迹。

正因为有了天才"0"的加入,使得数学体系得以完整——使二进制、十进制有了可能;有了"0"才真正构建了数字商业的地基,促进了商业体系的大发展——从以物换物的时代迅速进入"明码标价"的时代——每一件产品都有一个价格,每一个产品都有了明确的价值。

数字的发明,使得每一件商品的价值都能对应一个价格。但人性的贪婪,让价格成为一种博弈的数字游戏:价格可以是诱饵,可以是性价比的表现,甚至可以是社交身份的象征。

价格和价值之间不再是平等的关系,价格对应的不再是单纯的产品价值,而是产品解决冲突的能力。

如何制定价格?

首先要洞察冲突在哪里!

消费者只会在能够解决冲突的产品上花费更多的时间和金钱。

一、消费者并不知道产品该值多少钱

一个完整的产品价格应该包含:原材料、制作费、人工费、运输费、管理费……甚至明星代言费、广告费、网红带货费等,消费者怎么会花费心思去计算这些到底该值多少钱呢?

他们只会走过大街,穿过商店、超市货架,根据种种线索判断价格。

何况对大多数人来说,价格记忆都是短时记忆,他们说的和做的也并非一回事,他们愿意为某类商品付多少钱,随时都可以改变。

消费者的主要敏感点是相对差异,而非绝对价格。

这个差异或许是产品差异，或许是品牌溢价造成的价值差异，或许是价格本身的差异……

但他们不知道，这一切都是价格玩的魔术，这个魔术跟催眠术一样，操纵着消费者的内心和大脑，操纵着消费者在"真实需求"和"虚荣心""占便宜"之间反复徘徊。

事实上，我们不是通过价格在出售产品，我们是在出售价格。我们在出售消费者愿意为冲突支付的价格。

绝大多数公司的做法通常是先设计一个产品，然后再尝试计算出目标价格。但，在一些优秀的公司里，价格是首先被考虑的关键因素，产品在未被开发之前就先确定销售价格，设计开发者根据商品的最终售价来选择制造商和设计产品。优秀的价格策略能解决消费者冲突，也能引导消费，能让消费者感觉占了便宜，甚至还能激发消费者的虚荣心……消费者心理看似被一个个不同的商品、不同的品牌包围着、满足着，但实则是被各种各样的价格魔术催眠着，被各种商品后面的价格策略在操纵着。

优秀的价格策略，可以满足消费者"贪便宜"和"占便宜"心理之间的冲突，也可以解决消费者在想要购买和愿意购买之间的冲突。

利用价格解决冲突，可以从以下几个入口切入。

二、贵

贵能解决什么冲突？我们先来分享一个案例。

【案例】"最精贵"的榨菜——乌江

2004 年，乌江和叶茂中冲突营销合作。那时，酱腌菜市场规模超过 200 亿元，但是却没有一个强势品牌，而其中榨菜又是酱腌菜市场中空间比较大

的品类,这对于乌江而言是一个巨大的机会,但市场机会的冲突点在哪里呢?

经过缜密的市场调研之后,其中有一组数据引起了我们的重视。

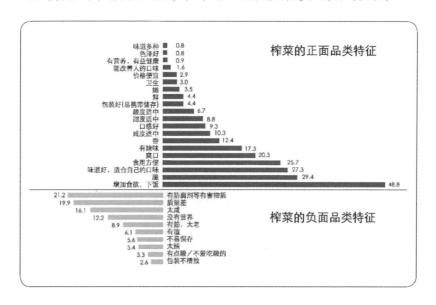

在榨菜的正面及负面品类特征的调研数据中,大多数消费者为了增加食欲、下饭而购买榨菜,但也有相当大比例的消费者因为防腐剂、质量差等因素而产生了担心。不可否认的是,榨菜虽然有着广泛的消费者基础,是居家旅行必备的食品,但榨菜长久以来也和低价、低质、不卫生、口味重等负面因素联系在了一起。消费者对于食用榨菜,其实有着显性的冲突。

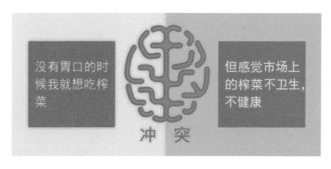

进攻左脑解决消费者的冲突。

建立标准： 改变消费者的固有认知是困难的，做市场的启蒙教育者更是成本巨大，但是在市场处于低水平竞争阶段时，抢先在竞争对手之前树立一定的行业标准则往往事半功倍。在一个没有标准的市场里，谁首先制定了工艺标准，谁就抢占了品质的制高点，于是我们为乌江品牌创作了"三清三洗，三腌三榨"的工艺标准。

提价： 榨菜是人们再熟悉不过的食品了，但由于行业多年的低水平发展，导致这种产品的价值感较低，市场上产品的价格相比较于其他品类的酱腌菜如辣椒制品、豆豉制品等也属于偏低水平。如何提升品类的价值感，实现品类升级，哪个品牌最先解决了这个问题，这个品牌就最有可能成为行业的领袖品牌。

"三清三洗，三腌三榨"——乌江是能够解决消费者冲突的"三榨"榨菜，价格自然就应该比普通榨菜更贵，我们进一步将"三榨"榨菜的单价从0.5元提升到1.2元，跳出了低价低质的恶性竞争泥潭。

乌江通过产品的"三榨"，解决了消费者"没有胃口的时候想吃榨菜，但感觉市场上的榨菜不卫生、不健康"的冲突；通过对价格进行调整，它成功摆脱了消费者对榨菜低价值的认知，获得了定价的主动权，企业盈利空间全面提升。

2005年，乌江产量达到64 520吨，创历史最高水平，同比增长13 865吨，其中创新产品"三榨"榨菜销量突破1万吨，而仅用了6个月时间，并且利润是原有产品的4倍。

乌江一举成为榨菜市场的第一品牌，并成功在资本市场上市，成为酱腌菜领域唯一的上市公司。

2012 年，叶茂中冲突营销再次与乌江合作，推出国粹文化载体，目的也是进一步提升乌江榨菜的价值感。

通过对乌江产品的提价，我们不难发现，贵能解决什么冲突呢？

贵——能让消费者快速感知到产品解决冲突的能力，快速提升产品在消费者心目中的价值感！

消费者不知道产品的价值，但消费者能通过价格感知产品的价值。

如果你的产品能够更好地解决消费者的冲突，不妨为你的产品定制一个"贵"的价格，在消费者心目中为产品留存一个更有价值的品牌空间。

尤其，当竞争从物质层面上升到精神层面，从产品竞争上升到品牌竞争时，"贵"会和消费者身份地位等社交属性相关联，还记得电影《大腕》里的台词吗："不求最好，但求最贵。"

贵，代表了稀缺感，代表拥有者的社会地位、身份价值……

比如从前的酒鬼酒、水井坊、五粮液，以及现在的茅台。

它们都是风光无限的"酒王"。

说起它们辉煌的原因，阐述起来太过复杂，不过它们有两个特点值得关注：第一，品质上乘；第二，都是"最贵"的酒。

品质上乘是酒类产品受消费者欢迎的前提，而"最贵"则解决了消费者的社交需求。

酒鬼酒最贵，卖得好。

然后水井坊比酒鬼酒贵时，水井坊抢到了宝座。

水井坊降价，五粮液提价，于是五粮液成了第一。而现在的茅台，这价格已经不用和谁比较或者说再去超过谁了，简直是让人无法直视的"恐怖"价格。

但若请一个贵宾吃饭，桌上不放一瓶茅台，主人总感觉面子上会过不去，对贵宾的诚意也会略显不足。

茅台的价值早已超越了酱香和浓香之争、酒窖之争、几百道工序之争……当茅台发起价格保卫战，希望把价格控制在1499元内时，网上却有人倡议："茅台，请停止价格保卫战！"茅台一直在强调：茅台是用来喝的！但实际上，对于部分消费者而言，"茅台绝不只是用来喝的"。茅台的贵，不仅是对产品价值的认可，它已经上升到消费者的社交价值，它解决的冲突是关乎消费者的社交需求——如果茅台不是最贵的，那我们该如何表达我们内心最大的敬意呢？

贵，也是叶茂中冲突营销在2004年为黄鹤楼1916策划时，提出的解决冲突的方法。

对于烟草产品而言，消费需求一般分为两类：一类是功能性需求，主要是满足抽烟的生理需求，拥有这种需求的消费者很看重产品的性价比，追求实惠，注重产品的切身体验；另一类是社会性需求，消费的同时希望通过产品来彰显自己的生活品位和社会地位，但对产品的基本功效不一定有特别的要求。

抽什么样的烟，喝什么样的酒，在很多中国人看来是跟社会地位挂钩的，所以茅台、五粮液越来越向奢侈品靠齐。但在消费升级的大潮下，中华云

烟的升级脚步似乎慢了些，越来越靠近大众产品了，彼时最高档的应该是上海卷烟厂的熊猫牌香烟，却也只卖80元。

显然，对于烟草市场而言，超百元的价格带空缺了，这难道不是一个巨大的制造冲突的机会吗？

我们可以以"贵"为入口，制造一个冲突，让市场上主流的高档香烟，不再能满足高端香烟消费者的社会性价值需求，让消费者拿着中华云烟都感觉没法实现"彰显"社会地位的目的。

2004年，叶茂中冲突营销为武烟集团推出的1916产品系列定价1800元——在定价上比同属高端烟草产品的时代版熊猫、红河V8、云烟印象、钻石芙蓉王都要高出一筹。

为了让1916贵得合理，我们以1916年南洋两兄弟在汉口投资创办烟草厂的故事，为1916蒙上一层神秘且令人向往的传奇色彩：1800元一条的黄鹤楼1916作为消费奢侈品，恰好吻合了高端香烟消费者注重其象征社会地位的消费需求，一进入市场就卖到断货。可见，贵有贵的市场。

在美国，投资银行Piper Jaffray发布的一份《青少年喜爱度报告》中，报告显示LV成为美国Z世代消费者最喜爱的奢侈品品牌，女孩子纷纷离开了Zara和H&M，投身于奢侈品为她们制造的幻觉之中，最终将LV的总裁伯纳德·阿诺特推上了世界首富的宝座。

阿诺特能超越贝索斯，登顶财富榜首位，从某种程度上也折射出，"奢侈品"为什么能超越"性价比"的底层逻辑——对大多数人而言，面对社交冲突时，我们需要外在的铠甲和武器，来武装自己，才更有信心和胆量，更好、更快地解决冲突。

其实，这一切都是虚荣心在作祟。尤其，当一个人含金量不够的时候，如果用物质和外在时尚来掩饰，既能借势，也可以显得含金量比实际更高一些。

贵，最终解决的就是现实自我和理想自我之间的冲突，借助"贵"气，现实中的那个自我，向理想自我迈进了一大步。

成功的品牌利用高价商品来创造"混合着愤怒与幸福的复杂感受"，中产阶级消费者感到愤怒，因为他们买不起店里陈列的、名贵的东西，但他们又因为买了其他东西而高兴起来。爱马仕 33 万美元的表只做了两只，而超贵的手袋一般旗舰店里也只有一个。这类东西不是用来卖的，而是来给消费者制造看得见摸不着的幻觉的，在各种宣传信息的推波助澜下，这些幻觉极其逼真，让你蠢蠢欲动到抓狂。

奢侈品就是商家给消费者制造的错觉、幻觉和心理暗示，这个时候，价格甚至跟成本没有任何关系，而那些"虚无缥缈"的东西却可以操控着绝大多数的消费者心甘情愿地掏空自己的钱口袋。

所以，任性的 Supreme，即便把自己的 LOGO 印在一块板砖上，也能卖出天价，丝毫不影响粉丝们前来"搬砖"。

只有高于生活的，才会激发我们的向往；一旦获得，才能刺激我们的幸福感！

贵，可能不是生活的必需品，却是一种生活的向往！

贵，从来不是产品本身有多昂贵，而是解决的冲突有多重要，购买者的社交冲突有多大。

很多人都认为贵只和产品的稀缺性相关，越是稀缺的产品，价格就越高。不知道各位，是否知道黑珍珠的故事？

黑珍珠最初面世，销售并不好，即便美国商人说尽了黑珍珠的珍贵价值，贵妇们并不觉得黑不溜秋的珍珠比纯白色的珍珠高贵。营销高手则把黑珍珠陈列在第五大道的橱窗里，搭配了最贵的钻石和金饰，为其标上了难以置信的高价格，邀请超级巨星佩戴黑珍珠出现在各种社交场合。而在线下销售时，则开始限购，进行饥饿营销，只允许身价过亿元的贵妇拥有购买的资格。通过制造冲突的方式，大大激发了贵妇们的占有欲，成为贵妇们最渴望拥有的珠宝。黑珍珠如果没有制造冲突，将产品和贵妇的社交价值相关联，哪怕再稀缺、再珍贵，可能也只能束之高阁，无人问津。

稀缺性决定了产品的成本价，而冲突则决定了产品的价值和价格。

冲突越大，价值越大，价格越高。

甚至有的时候，你就是要比你的对手贵一元钱。

叶茂中冲突营销在服务真功夫之前：过去双种子（真功夫原名）的客单价是 12 元，它的竞争对手麦当劳是 19 元。所以我们的定价原则就是：从现在开始，永远都比麦当劳贵 1 元；我们是"有营养的快餐"，当然应该比"没营养的快餐"更贵。

三、中杯心理

星巴克的咖啡是没有小杯的，为什么？

Tall
354ml
Grande
437ml
Venti
591ml

在星巴克，小号的杯子被称为 Tall，最初设置的原因就是舒尔茨是为了照顾消费者的面子——让你在花 4 美元买一小杯咖啡的时候不觉得尴尬，这完全就是通过营销手段使消费者的虚荣心得到满足，足以可见舒尔茨对消费者的洞察之深；星巴克的员工都被称为"咖啡师"，也会让你在星巴克点一杯咖啡时感受到高级感。

但在星巴克卖得最好的杯型，并不是最便宜的中杯，而是大杯。

杯型	大小	价格	感知	每百毫升价格
Tall（中杯）	12 盎司（354 毫升）	27 元	感觉有点贵	7.63 元 /100ml
Grande（大杯）	16 盎司（437 毫升）	30 元	比中杯多 83ml，贵 3 元，83ml 是 5.69 元，划算。	6.86 元 /100ml
Venti（超大杯）	20 盎司（591 毫升）	33 元	量太大，喝不了，剩下了就浪费。	5.58 元 /100ml

根据"星巴克咖啡杯型中，你最常选的是哪一个"这个问题的调查显示，59.48% 的人群选择了 Grande(大杯)，26.72% 的人群选择 Tall(中杯)，13.79% 的人群选择 Venti(超大杯)。而针对那 26.72% 的消费者选择 Tall(中杯)，星巴克服务员会说一句话："只要加 3 元就能升级为大杯，您需要吗？"这句话带来的转化率相当高。

消费者觉得只要加 3 元，就可以换成大杯，太划算了；但对于星巴克来说，只是多加点水的生意，岂不是更加划算？

这就是"中杯效应"，解决了人们购买欲望和损失厌恶之间的冲突——因为消费者不是专家，不懂得价格构成，他们担心买贵了给自己造成损失，买便宜没准买到假货。所以，消费者往往会选择"中庸之道"，中间价位是大多数人都会选择的，选中间价位会让消费者感觉"比较安全"，是一个"折中"的选择：最便宜的商品说不定质量有问题，最贵的商品则有"敲竹杠"的嫌疑，居中的应该没问题。

为此，经济学家还专门做了一次实验：

心理学家问两组参与者，某厂家推出了两款面包机，它们的功能相同：

· A 型：368 元塑料外壳，拥有烘焙面包功能。

· B 型：668 元不锈钢外壳，拥有定时自动烘焙面包功能。

消费者更喜欢塑料外壳的便宜面包机 A。

但当心理学家加入面包机 C 后，消费者的选择发生了明显的变化：

· A 型：368 元塑料外壳，拥有烘焙面包功能。

· B 型：668 元不锈钢外壳，拥有定时自动烘焙面包功能。

· C 型：968 元不锈钢外壳，液晶面板，拥有定时自动烘焙面包的功能。

C 型的加入，仅多了一块液晶面板，价格就飙升了 300 元，立马就使得消费者陷入中杯的陷阱中，消费者通过对比，对 A 型面包机和 B 型面包机的差价、B 型面包机和 C 型面包机的差价进行分析后，明显感觉到了 B 型面包机的性价比，选择 B 型面包机的人数明显增多。

没有对比，就没有伤害，如果你想卖掉那个本来有点贵的商品，不妨设计一个更贵，功能也不是那么优秀的产品，放在其边上。其他的事物，就留给消费者自己判断选择了。

事实往往就是这样，不卖的东西影响正在卖的东西。C 型商品成了诱饵，它本身可能不会得到太多的市场份额，但它会产生一种吸引效应，把消费者的选择转移到稍贵的 B 型商品上。所以，如果想要提高廉价的 A 型商品的市场份额，你只需要提供一种更便宜的选择——Z 型商品即可。

尼尔森全球消费者购物省钱策略在线调查，有来自全球 51 个市场，超过 25000 位网络受访者参与，有 60% 全球网络消费者在决定到特定消费性包装商品零售店购物时，将"物超所值"视为最具影响力的因素，胜于"价格便宜"（58%）。

"价格便宜"的重要性是毋庸置疑的，但通过尼尔森调查显示，'物超所值'对全球消费者而言也极为重要，只不过，'价值'并非只与价格有关，在经济困难时期，如果零售商及制造商在对消费者沟通时能更加突显产品的优点，并提供超越价格的价值，将可获得消费者在寻求省钱之道时的共鸣。"尼尔森全球消费者洞察副总裁詹姆斯·拉索说。

"中杯心理"的关键就是设置诱饵，诱发消费进行对比，产生性价比的倾向，最终选择我们的商品和品牌，如何更好地设置你的第三个杯子，我们还是要向星巴克学习。

星巴克不设小杯，只有中杯，起到了更好的锚定效果——星巴克以中杯咖啡作为销售起点，会在潜意识中影响顾客对星巴克咖啡价值的判断，进而也能够接受更高水平的消费。所以，当星巴克的矿泉水卖到 22 元时，你可能也不会觉得太贵了，这就是"中杯"给你设置的高价格锚点。

不想给你的消费者嫌你贵的机会，关键是你的"杯子"放对位置了吗？

四、性价比

互联网破坏传统企业的第一个入口，就是价格，光有意想不到的低价还不够，还要辅以强大的补贴，"补贴"到消费者养成习惯，戒不掉为止。王健林曾经有过这样的担忧：中国人现在买东西全在 APP 上比价格，谁便宜买谁的，长此以往，消费者就会对价格敏感，对品质不敏感。

然而，消费者不是傻子，互联网的低价无法养成我们对低质的包容，但确实会养成我们比价的习惯。

以前是货比三家，现在是货比全网。通过对比，消费者才会觉得买了不吃亏，买了才放心。

乔布斯说过，顾客并非要买便宜，而是想"占便宜"。

消费者要的不是便宜货，要的是占便宜的优越感。

你真正便宜了，他反而不买了，认为廉价、差劲，便宜没好货！你能提供绝佳品质和醉人体验，让他觉得像捡了大便宜，再贵他也会趋之若鹜。

性价比，就是通过对比，让消费者感觉占了一个大便宜；通过对比，放大消费者可感知的价值感。

要让消费者感觉占了便宜，选择参照物很重要，有两个方向可供参考。

以产品为核心，纵向对比：以"旧产品"为参考物。产品进行自我的迭代——通过升级更好的产品，体现更高性价比的价格，让消费者感觉更加满足。

还记得雷军的"生死看淡，不服就干"吗？

小米在性价比的道路上，站在友商的肩膀一路登高，性能比友商更好，跑分比友商更强，无论是拍照还是黑科技都比友商好，价格呢？

绝对能体现让友商"流泪"，让"米粉"拍手的性价比。

雷军就是这样，不断利用性价比撩拨消费者的热情，构建自己的"米粉王国"。

比别人做得更好，比旧我做得更好，但价格却让消费者更高兴，这就是纵向的性价比设定。

以消费者冲突为核心，横向对比：以"消费者传统认知"为参照物。提供给消费者更好、更快，甚至完全不同的解决冲突的方法，以此为基础提供给消费者体现更高性价比的价格。

哈佛大学著名的市场营销学教授西奥多·莱维特曾说："顾客不是想买一个1/4英寸的钻孔机，而是想要一个1/4英寸的钻孔！"

如果我们只盯着洞眼看，我们就会不断研发更好的钻孔机、打洞机，换个比喻就是，消费者真正购买的不是相机而是相片。这样大家就很容易明白胶片相机被数码相机打败，数码相机被智能手机取代的底层原因。既然用手机可以拍出消费者想要的、清晰美颜的照片，那为什么还要买相机呢？

特别是，当消费者需要的只是往墙面上挂一点东西，钩子的解决方案是不是比电钻更省钱了？

消费者才不管你是钉子还是钩子，只要能更好地解决我的冲突，有更亲民的价格，他们就会有更大的满足感和复购率，在商品竞争的世界中（非品牌竞争），消费者会从三个维度考虑购买的成本：

第一，商品解决冲突的能力；

第二，商品的价格；

第三，购买商品的便利性。

性价比需求被满足的前提，始终是产品解决冲突的能力。谁能更好地解决冲突，还拥有更亲民的价格，谁就是性价比之王。

千万不要误入性价比的误区，一味提供给消费者更低廉的价格，如果产品无法解决冲突，消费者一定会弃你而去的，他们的生活并不想包容太多无用的"垃圾"。

但叶茂中要提醒各位的是，在性价比的赛道上，也要尽量为产品预留做品牌和传播的成本，否则就会永远陷在商品的竞争之中、价格的竞争之中，对企业而言其实是一个大问题。

五、免费

免费才是最贵的！

似乎在互联网时代，免费是价格绕不过的一道弯，毕竟免费就意味着流量和用户数量的规模化，但我们还是劝告诸位看官，免费就像是双刃剑，能快速见效，但也能快速见血。只有智慧的免费，在不让消费者对品质产生怀疑的前提下，免费才是有用的手段，比如著名的吉列模式：早在1903年，推销员金·吉列用4年时间发明了一种可更换刀片的剃须刀。但是在最初销售的这一整年里，他只卖出了51件刀架和168枚刀片。为了摆脱销售困境，吉列想到了免费策略，他首先以极低的价格（相当于免费）将数百万件刀架卖给美国陆军，以期这些士兵退役回家后，可以变成吉列的忠实用户；他还将刀架免费送给银行，让银行将其作为礼品送给新开户的客户（有名的"存钱送剃刀"活动）。通过这种免费模式，仅仅过了一年，他就售出了1240万枚刀片，至今吉列公司已经成功售出了几十亿枚刀片。

免费作为新品牌撕开战场的手段，是能够快速见效的，比如：

淘宝，用免费网店打败了"不可一世"的世界巨头易趣；360祭起免费大旗，将金山、瑞星、诺盾等牢牢占据市场多年的杀毒软件一一"驱逐"。商业的本质，还是追逐利益的，免费背后，诸位一定想好了，如何盈利且持续盈利，才是正道。

免费究竟解决了消费者什么冲突？才是确定是否使用免费大招的关键，否则，只是为了聚拢人气，提升 KPI，泡沫过后，谁在裸泳，一眼就能看出来。

六、心理钱包

从最贵到免费，我们可以选择一个入口，解决冲突。但我们也要明白我们的战场究竟在哪里？

冲突不同，消费者能接受的价格区间也是不同的。

拉斯维加斯流行一句口诀：永远不要把左口袋里的钱输光了。职业赌徒把本钱放在右口袋里，右手是负责支出的；把赢回来的钱放在左口袋里，左手是负责收入的。这样当右口袋一文不剩时，左口袋多少还能剩一点。

左口袋的钱和右口袋的钱一样多吗？

对于一个绝对理性的人来说，左口袋和右口袋有区别吗？不都是我的钱吗？

但是，我们能够完全理性吗？

同样的一元钱，丢在地上，你都不会弯腰去捡，丢在微信群里抢红包，你抢得比谁都快！

星巴克的中杯设计，其实是精心设计了消费者的心理钱包。在这个世界上，从来没有 "一分钱一分货"，价格高低从来都是商品成本和消费者心理钱包之间的博弈。

消费者的心理钱包在哪里呢？

在冲突里！

史玉柱推出的脑白金，最初放在保健品的心理钱包里，其后又放在孝敬父母的礼品的心理钱包里，各位看官觉得哪个钱包更值钱呢？

同样的道理，钻石如果没被放进爱情的心理钱包里，碎钻又凭什么卖出上万元的价格？

每个心理钱包都会对应一个冲突的解决方案，冲突越大，心理钱包的估值就会越大；同样的产品，放进不同的心理钱包，解决的冲突也是不同的。

如果对应的是消费者心理层面、精神层面的冲突，解决冲突的价值就会更大，心理钱包的估值就会更高，比如：身份钱包、社交钱包、精神钱包、情感钱包、文化钱包……

所以，在定价之前，务必先找到冲突，找到心理钱包到底是在左口袋，还是右口袋。

如何把一瓶水多卖一元钱

世上最贵的斐济水，一瓶水的价格相当于一辆宝马车售价；

而最便宜的水，价格甚至不到一元。

叶茂中冲突营销在为雅客长白甘泉洞察冲突时，发现大多数中国消费者都分不清矿泉水和纯净水，也不清楚弱碱性和弱酸性的区别。即便是优质水，一味强调指标进行诉求，也很难刺激消费者有实际的消费行为。

雅客矿泉水虽然占据了素有"长白山下第一县"美誉的安德泉的优质资源，具备独特的"低矿化度、低钠、低钙镁离子、高偏硅酸、弱碱性"等优质的矿泉水的产品优势，但在普通的消费场境下，消费者已经习惯了1.5 ̄2元的瓶装水价格，让他花3元钱买一瓶没有味道的矿泉水，似乎在心理上感觉有点吃亏。

如何发现冲突，寻找到新的心理钱包，让消费者心甘情愿地多掏1元钱呢？

那么，有没有一种场景，让消费者愿意花3元钱买一瓶好水，甚至还

觉得花得值呢？

当然有！

你早晨都睡到自然醒吗？

早晨第一杯水是矿泉水吗？

早晨起来喝一杯水更健康，这是很多消费者都有的认知，这个场景的冲突点一直都存在于中国消费者的脑海中。

幸运的是，目前并没有任何水品牌抢占这个心理钱包，雅客是第一个抢占"早晨第一杯水"场景的品牌，解决了这个冲突，雅客自然也就有了定3元价格的合理理由。

经济学家认为：人们对金钱的概念是相对感觉，选择什么样的价格，就意味着消费者选择了怎样规避损失、增加收益的方式。

在营销组合中，价格是直接产生收入的因素，是一个公司用产品或品牌的意愿价值同市场交流的纽带！

　　价格，已经不能单纯地以成本为导向。消费者会根据自己的心理钱包，估算价格；根据冲突的大小，判断价格。

　　市场千变万化，消费者既理性又感性，你可以制造幻觉让消费者一面觉得高不可攀，一面又绞尽脑汁想要拥有，也可以用免费让消费者失去理智蜂拥而至，可以让消费者感觉捡了便宜，也可以让消费者经过一番思量后最终觉得还是你的产品物超所值……定价的关键，不是卖方的成本，价格的设定是为了满足顾客的需求或是反映他们愿意支付的溢价，更多时候是以消费者的需求、市场的变化来制定价格。

　　生产产品的价格和最终销售的价格没有关系，什么价格是合理的？你的产品或服务的价值体现在哪里？你的产品或服务比竞争对手好在哪里？

　　如果你在撒哈拉沙漠里拥有唯一的绿洲，一个饥渴难耐的家伙走进来要买一杯水，你可以收 100 元，甚至双倍。你收多少钱跟你是否免费得到这杯水没有关系，关键是看这杯水给这个人提供了多少价值！

第八章 树敌

凡是敌人反对的我们就要拥护；
凡是敌人拥护的我们就要反对

营销就是战争，要取得胜利，就要学习毛主席的思想；营销要取得伟大的胜利，就不要害怕敌人，不要害怕冲突。

"冲突"二字，天生就会和竞争、博弈、对立等力量相搏的词语发生关联，但中国人拥有温、良、恭、俭、让的特质，我们自然会对冲突产生天然的抗拒心理。但是，做产品、做品牌、做营销原本就是一场博弈，一场新与旧的对抗，弱与强的对抗。如果止步于冲突之前，止步于敌人之前，那注定要耗费巨大的传播成本，才能在市场上占据一席之地。事实上，更有可能因为避让敌人，而牺牲巨大的规模市场。

不要害怕敌人，因为敌人的背后，往往是制造冲突的机会；

不要害怕敌人，因为竞争是无法避免的，随着竞争的升级，消费需求的升级，冲突会自动自发地生成，如果你不先发制人，你就失去了把握市场的机会。

各位看官，制造冲突的前提，首先是不要畏惧冲突，关键看我们敢不敢放手一搏。

一、树敌的目的不是制造敌人，而是制造冲突

树敌有三重含义。

第一重含义是指：树立敌人，即因为自己的不当言行，导致别人与你为敌，或是将自己的资源、势力分割出去创造一个或者一群人与自己为敌，与自己对抗。

第二重含义是指：自己主动寻找一个强大的敌人，并以战胜它作为自己的目标和事业，这个敌人更像是为自己的成长设定的一个高度、一个障碍、一个必须收归囊中的战略高地。

第三重含义是指：利用一个强敌，借力上位。

营销上采用树敌的手段，目的绝不是树立敌人，而是通过洞察敌人的弊端，改变游戏规则，发动进攻；通过树敌，制造冲突，改变赛道，重构市场。

没有对比就没有伤害，乔布斯就是树敌的高手，每次开发布会，他的对手都会胆战心惊，害怕自己被乔布斯拿来做对比。

在 2007 年第一代 iPhone 的发布会上，乔布斯对当时市面上的智能手

机极尽嘲讽之能事，然后引入号称领先五年的划时代的新产品——
iPhone。

在 2008 年的 Macbook Air 发布会上，乔布斯又以市面上公认的轻薄
电脑 Sony VAIO TZ 为例，指出新的 Macbook Air 的最厚处，比 Sony 轻薄
电脑的最薄处还要薄。尤其，当乔布斯从文件袋中取出 Macbook Air 的那
一刻，不难想象，Sony 笔记本的产品经理当时糟糕的心情。

各位看官，乔布斯的树敌并不是为自己制造无数的敌人，而是基于苹
果强大的产品创新力，通过打击敌人的方式，制造冲突，最终改变消费者
的选择。

尤其是在智能商业时代，我们的竞争早已不是以前的线性竞争，而是
在一个网络协同的生态系统里竞争。我们经常能看到，即使到了今天仍旧
有很多企业，尤其是传统企业，因为找不准自己的敌人是谁而出现重大的

战略决策错误，从而误判自己与市场参与者的关系。

所以，在树敌的过程中，第一步，也是最为重要的一步就是：搞清楚你的敌人究竟是谁？

在冲突理论看来，敌人可能有三类：

· 传统的直接竞争对手，或者跨界"打劫"者；

· 企业自身的旧我；

· 消费者的旧习惯、旧认知、旧喜好。

这三者都可以成为树敌的对象，但树敌从来不是我们的目的，敌人背后的冲突才是。树敌的目的不是打倒敌人，而是制造冲突，为企业找到重构市场的机会。

二、对手越强，就意味着：冲突越大，机会越大

乔布斯的对手，永远都是那个"老大哥"！

1984 年 1 月 22 号，在美国"超级碗"比赛上，身穿"苹果"T 恤的女选手手持大锤，砸向"老大哥"统治的时代，而谁都明白"老大哥"就是当时电脑行业的巨无霸——IBM。

所以，你要如何选择你的敌人？

叶茂中建议大家务必要找那个最能打的敌人出来！

这不仅是"踢馆"的秘诀，也是制造对手的最大化原则。

游击营销之父杰伊·康拉德·莱维森告诉我们：你的对手扮演的角色就是迫使你变得更好。

姚明的对手是奥尼尔；

孙杨的对手是菲尔普斯；

刘翔的对手是阿兰·约翰逊；

……

即便当下我们的品牌还不够强大，也要怀抱着"凤凰上击九千里，绝云霓，负苍天，足乱浮云，翱翔乎杳冥之上"这种睥睨天下的志向，把最厉害的"偶像"制造成"伟大的对手"，这样才能利用对手，创造自己的伟大。

【案例】真功夫制造的对手是麦当劳和肯德基

真功夫原名双种子，1994 年，双种子第一家店在东莞开业，随着双种子迅速壮大，它们决定走出东莞，先后开拓广州、深圳市场，然而问题也在这时出现了：同样的产品、同样的管理、更贵的房租、更大的人流量，但双种子怎么一到广州、深圳就出现：店面"慢热"、来往人群多、进店人数少、营业额始终徘徊不前的状况呢？同时让它们费解的是双种子和麦当劳、肯德基明明是同样品质，甚至还推出了更好的西式餐点，还以更低的价格销售，反而不被消费者接受。

于是，它们找到了叶茂中冲突营销：

深入研究后，我们决定通过制造和竞争对手的冲突，利用麦当劳和肯德基为真功夫创造机会。

麦当劳和肯德基这类的西式快餐本身的冲突在哪里？

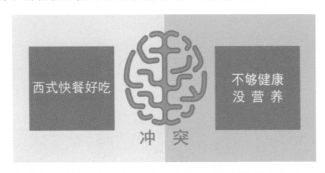

利用西式快餐和健康的冲突，我们该如何进攻消费者的左右脑呢？

进攻左脑：

砍掉薯条、鸡翅等西式类油炸食品，强化中式的、蒸的、营养的核心价值，创作了"营养还是蒸的好"的产品真相；

价格上比竞争对手贵一元：过去双种子的客单价是12元，它们的竞争对手麦当劳是19元，所以我们那时候的定价原则就是：从现在开始，永远都比麦当劳贵1元；我们是"有营养的快餐"，当然应该比"没营养的快餐"更贵。

进攻右脑：

借势功夫文化——双种子的品牌名容易让人联想到一位"诚实""平易近人"的农民，这样的品牌名和形象是无法和肯德基的山德士上校以及麦当劳的小丑叔叔同场竞技的。

因而我们选择了中国的功夫文化为品牌赋能，把双种子改名为真功夫，从而站在了山德士上校和小丑叔叔的对立面，各位看官，看上去谁更能打？

最终，真功夫站在麦当劳和肯德基的对立面，形成了西式快餐和中式快

餐的冲突格局。

西式快餐麦当劳、肯德基是油炸的，没营养。

中式快餐真功夫是蒸的，有营养。

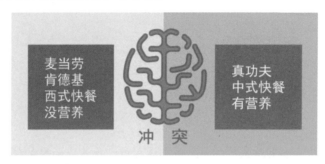

真功夫制造的冲突，"打得"麦当劳、肯德基坐卧不安，乃至被后两者列入了"黑名单"。麦当劳、肯德基后来如果要和某一物业签订合约，往往会在合约里同时要求其不得将周边物业租给真功夫。

叶茂中冲突营销通过制造和竞争对手的冲突，帮助真功夫迅速成为中国本土快餐的第一品牌。

要成就一家伟大的企业，就要为自己制造伟大的对手；在这个时代，英雄也是靠敌人荣耀其身的，如果敌人不够多、不够强，英雄也无法成为传奇。

企业想要创造成就，就必须找到够大、够强的敌人，共同开创一个令人瞩目的战场，共同缔造一个令世人难忘的传奇。有的时候，对手可以是具体的品牌，也可以是相对立的品类……

【案例】法兰琳卡制造了什么冲突

法兰琳卡作为一个自然护肤品牌，10年来一直不温不火。即使拥有诉求更好的原材料、更好的工艺，甚至启用更厉害的代言人，似乎都无法吸引消费者的关注。

如何帮助法兰琳卡快速突围？

我们发现女性消费者在使用化学护肤品的时候，普遍会有一种心态：担心里面的化学成分会伤害自己的肌肤。那么，我们是否可以利用消费者的担心呢？

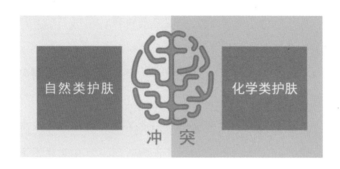

叶茂中冲突营销通过让法兰琳卡喊出：我们恨化学！制造了自然护肤和化学护肤之间的冲突。

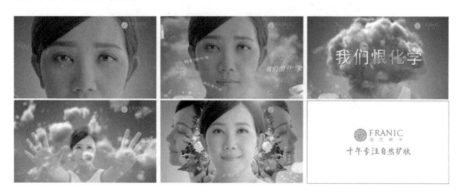

我们恨化学，

我们恨化学，

我们恨化学，

自然护肤，

法兰琳卡，

法兰琳卡，

十年专注自然护肤。

为什么恨？恨化学什么？怎么理解不重要，因为一千个消费者有一千种担心。我们只需要利用消费者担心的心态和情绪，通过制造自然护肤和化学护肤的冲突，在消费者心中扔下一个惊叹号。

"恨化学"的冲突式广告，让模糊了十年的法兰琳卡品牌鲜明地出现在消费者的面前，而和专家们的"冲突"中，更为法兰琳卡获得了额外的传播，节省了大量的传播费用——"恨化学"引发了中央电视台、东方卫视等全国主流媒体主动传播有关于"恨化学"争论的新闻，而在互联网上引发的北京大学教授和清华大学教授等学界人士的辩论也为法兰琳卡获得了更大范围的传播效果。

最关键的是，法兰琳卡通过"恨化学"，制造了自然护肤和化学护肤之间的冲突，帮助自己一举成为"非化学"赛道上的头部品牌。

三、研究敌人的目的，是为了认清冲突

广告圈一直有句名言：一直被模仿，从未被超越！

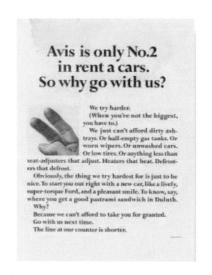

树敌的目的，绝非只是让你的产品做得比敌人更好，从而超越敌人；树敌的真正目的是通过研究你的敌人，发现新的冲突，制造新的冲突，重构赛道；正确的战略不能只是跟在大佬后面，拾人牙慧。

还记得艾维斯的"老二策略"吗？

我们是第二，所以我们更努力。

"我们更努力（当你不是最好时，你就必须如此），我们不会提供油箱不满、雨刷残破或没有清洗过的车子，在我们的车里座位已经调好，加热器已经打开，除霜器也开始工作。你可以看得到，我们尽力将事情做好。我们

会为你提供一部新车和一个愉快的微笑……下次与我们同行。我们的柜台前队伍短些。"

"老二策略"是典型的比附策略，可以取得小成功，却无法获得大成就—— 艾维斯止步于老二，跟随着老大赫兹，而不是重新洞察租车市场的新冲突，而当老大一旦发动反攻，艾维斯作为老二，自然也无言以对。

赫兹广告标题：说它们更卖力，比谁更卖力呢？

我们不会与第二名争辩。假如它说更卖力，我们也就相信它所说的。

唯一要说的是，很多人都以为正在比我们更卖力。

才不是这么回事呢！我们相信第二首先会同意这一点。

租车的第一步是找到车子。赫兹比任何一家都让您倍感方便。

在美国的任何大机场我们都有车，在某些小机场也有。去过蒙州的白鱼镇吗？有的人去过，总有一部赫兹的车在候驾。

不论你去的机场有多小，只要有商用航空公司在，百分之九十七的概率有赫兹的车，要不然附近也有赫兹的办事处。

赫兹在全球有二千九百个以上的地方供您挑选或留下车子。我们的车子超过第二名的车子两倍有余。

在美国大多数大旅馆及汽车旅馆，我们都有直接拨号的电话。电话就在走廊上，而且表明是赫兹专用。拿起话筒便叫车，我们会把车子送到门口。您时常叫计程车都没有这样方便。

老二被老大"怼"得毫无还嘴之力，之后业绩一路下跌。可见，即使你借了老大的光，取得了眼前小小的胜利，也不应该止步于一味跟随老大的步伐，而应该时刻洞察消费者有哪些冲突没有被老大解决，这样才能开辟自己的赛道，构建自己的核心市场。

就像在国内，无数白酒都想和茅台发生美好的关系，衡水老白干甚至还重塑了巴拿马万国博览会金奖的故事，要知道"怒掷酒瓶振国威，香惊四座夺金奖"说的就是当年的茅台。

且不论要花多少费用，才能让消费者重新相信巴拿马金奖得主究竟是谁，我们只看，今天的商务酒桌上，如果不放一瓶茅台酒，如何体现出主人最大的诚意呢？

茅台解决的冲突，其他的白酒品牌怎么替代解决呢？

还不如江小白，索性放弃价值攀比，转向年轻人，制造冲突——那些白酒都是老人家喝的，你是年轻人，就该喝江小白，反而杀出了一片天地。

所以，研究敌人的目的，是为了认清冲突，而不仅仅是为了消灭敌人。尤其，当敌人解决冲突的能力远远大于你的时候。

树敌的意义从来不在于敌人，而在于消费者——如何成功地把消费者吸引到你的赛道上，才是我们进攻敌人、打击敌人的根本目的。

四、凡是敌人支持的，我们都反对；凡是敌人反对的，我们都支持

树敌其实就是制造和竞争对手的冲突，完全站在它们的对立面，制造出消费者新的、相反的冲突需求。

必须和竞争对手反其道而行之，并且时刻寻找机会反对它们、反对它们、反对它们。

制造和竞争对手的冲突，不能只追求表面的"差异化"，而是要坚定的、以"All in"的态度，站在企业竞争对手的对立面——凡是它们支持的，我们都反对；凡是它们反对的，我们都支持。

只有用这种极端的方式制造冲突，才能借力上位；尤其对那些刚起步的创业型企业，选择站在强大的竞争对手的对立面，才能制造出消费者的心理暗示，让消费者把我们和竞争对手视为等量级的参赛选手。

比如敌人诉求大，我们就要提醒消费者"想想还是小的好"。

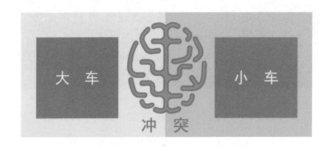

20 世纪 60 年代，美国汽车市场是大型车的天下，美国人在享受大车带来的宽敞和舒适之余，也承担了大车带来的高损耗、不环保的问题。乔治·路易斯通过制造和大型车的冲突，创作出了"想想还是小的好"的产品真相，提醒消费者"小"的好处，让那些重视环保的消费者选择"甲壳虫"。

比如敌人诉求多，我们就要提醒消费者"少就是多"。

各位看官还记得谷歌刚刚面世时，带给网民的震惊吗？

1995 年，在以雅虎为主流的网站的页面上，布满了各种信息——新闻、体育、股票，甚至是天气预报、电子邮件、拍卖活动等，雅虎几乎每天都会添加一项新功能，网民每天都能享受一种新服务。

但谷歌偏偏说"不"，它只提供了一个搜索按钮的输入框。

当雅虎给消费者一个花花世界，而谷歌选择给消费者一片净土；谷歌站在了竞争对手的对立面，制造"极多"和"极简"的冲突，把消费者引向了相反的方向，这也成为今天的主流。

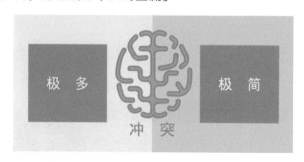

五、在距离对手最近的地方，开炮

树敌，不仅要制造和竞争对手的冲突，更要在距离竞争对手最近的地

方开炮。

2005 年 8 月 8 日，快餐巨头肯德基在全国 16 个城市同时发布新口号——"拒做传统洋快餐，全力打造新快餐"，就在肯德基打出这个口号后，真功夫于 8 月底开始在候车厅打出醒目广告——"营养快餐创导者真功夫热烈欢迎肯德基加入营养快餐行列"，随后在全国所有餐厅外墙的海报和餐牌上打出"真功夫欢迎传统洋快餐为中国而改变，关注营养"，并列举出传统洋快餐"七宗罪"和真功夫"蒸"的七大优点。

业内人士指出，这是洋快餐"横行"中国大陆多年来，中式快餐首次与其正面交锋，至此土洋快餐（本土快餐和洋快餐）大战的战火正式点燃。

iPhone XS 的发布会刚结束，华为的余承东就"宣战"了。

iPhone XS 在伦敦旗舰店的首发日，华为第一个跑去现场制造了冲突：华为为排队的果粉们免费送去了"不含苹果，绝对持久的果汁"和"苹果手机一定用得上的充电宝"。

让听到炮火的人呼叫炮火，要不惧炮火，制造炮火——华为选择了在距离对手最近的地方，开炮！制造和苹果之间的冲突，让"果粉们"也记住了华为的续航能力更强的特点。

制造和竞争对手的冲突，需要我们有不怕冲突的勇气；选择伟大的对手，敢于"挑战常识，打破规律"，主动拓宽消费者的"认知边界"，甚至是改变专家的"路径依赖"，才能在新赛道上，迎来疯狂的增长，创造巨大的成功。

六、和平，是打出来的

一旦树敌，终生为敌；

百事可乐永远针对可口可乐；

汉堡王永远挑衅麦当劳；

Under Armour 持续对 NIKE 发动挑战；

......

持续地对老大制造冲突，才能持续地确保消费者会把你的品牌、产品和行业老大关联起来，也才能制造出强大的品牌幻觉，进一步扩大战果。

所以，不要轻易改变制造冲突的对象，这是叶茂中冲突营销对发动挑战的品牌的忠告，尤其当你所处的行业是品牌高度竞争的行业，老大还恶狠狠地盯着跟进者的时候。

我们反复强调，树敌的目的不是制造敌人，而是制造冲突的机会——可见，只要老大不倒，就永远存在冲突的可能性，而作为市场的后进者，必须紧咬冲突不放，直到成为老大。

树敌——不仅没有后路可退，更要主动进攻。

进攻，永远是最好的防守——这是体育场上永恒的名言，防守永远换不来进球，只有进攻、进攻、再进攻！才能压制对手。而当碰上第一记重拳时，最好的方式不是双手捂脸，因为这只会引来第二记、第三记和后面无数记重拳，只有同样用拳头还回去，才是勇敢而明智的方式。

张伟丽，仅用了 42 秒就"TKO"（技术击倒）了现役 UFC 草量级巴西女拳王安德拉德，这一战胜利的关键，就在于她不停地出拳。

在拉斯维加斯大都会体育馆举行的 UFC248 比赛中，张伟丽通过五回合大战击败波兰女拳王乔安娜。她把乔安娜打到面部已经严重变形，成功卫冕金腰带。然而，张伟丽并不满意："我没有连击，错失了机会。如果可以进攻再猛烈一些，或许早就终结了这场比赛。"

张伟丽说："我的偶像是李小龙，我的字典里没有'拍地认输'，不停地进攻，就会距离胜利更近。"

在营销的战场上也是如此：

弱者才会说："你应该尊重我！"

强者只会挥动拳头说："你欺负我试试看！"

通过进攻，你维护了自己的利益。

通过进攻，你让别人知道了你也很重要。

七、最大的敌人是你自己，征服了别人，最后还要征服自己

"昔之善战者，先为不可胜，以待敌之可胜。不可胜在己，可胜在敌。"

以上翻译为：以前善于用兵作战的人，总是首先创造自己不可战胜的条件，并等待可以战胜敌人的机会。使自己不被战胜，其主动权掌握在自己手中；敌人能否被战胜，在于敌人是否给我们以可乘之机。

归根到底，人最大的敌人就是自己，一切的战斗都是心战，都是和自己的欲望与缺点作战。这句话谁都知道，可又有几个人真正做到了呢？而树敌的最高境界，就是把自己当作自己的敌人，努力去击败自己，打倒自己，才能破茧重生。

随着中国市场竞争日益充分，决定一个企业成败的因素，不仅是竞争对手的打压和围猎，企业能否适应市场变化，和创新能力、管理能力、价值观、领导者、营销能力等都有关系。当年的白酒标王秦池失败是因为一个小小的瓶盖；只有广告价值没有研发价值的三株因为一场官司全线崩塌；顺驰的失败则是因为盲目扩张导致资金链断裂。在吴晓波所著的《大败局I》和《大败局II》中先后有19个曾经辉煌耀眼的"企业大厦"犹如沙堡般坍塌，宛若风过处脆弱的樱花，缤纷死去，这些企业死亡的原因都不是因为对手，而是因为没有正视自己的缺陷，没有积极修正缺点并保持不可战胜的强大，最终给了别人超越的机会。

国际品牌不断通过产品更新强化品牌内涵，确保品牌的生命力。科技产业不用再多说了，在快消品市场同样如此，宝洁不断地改善每一个品牌，

光汰渍洗衣粉的配方和包装就改进了不下 70 次，根本不允许品牌达到所谓的"成熟期"。

如何战胜旧我，《冲突》（第 2 版）一书中给出了两种方法，利用显微镜式和望远镜式——从纵向和横向两个方向，主动制造自我的冲突。

显微镜式：产品迭代——从纵向给出更好、更极致的解决冲突的方案；

望远镜式：产品矩阵——从横向给出更新、更意料之外的解决冲突的方案。

我们举例说明：**柯达死了，富士却蓬勃发展。**

智能相机的普及，使得胶卷市场迅速萎缩。2010 年，全球对摄影胶片的需求下降至不到十年前的十分之一。

柯达破产之前，其生产的胶卷无疑是世界上最好的胶卷，但还是破产了，就像《三体》里面说的——"消灭你，和你无关"。

而富士胶卷利用显微镜式和望远镜式——从纵向和横向两个方向，主动制造自我的冲突，避免了一场灾难：

显微镜式：放弃胶卷作为富士的"摇钱树"，但基于胶片的核心技术，重新洞察冲突需求，扩大产品边界，为产品找到新的应用场景，成为电视、电脑和智能手机制作 LCD 面板的高性能胶片；如今，FUJITAC 占有 70 % 的保护性 LCD 偏光胶片市场。

望远镜式：大开"脑洞"，想到把富士胶片公司在70余年的胶片开发生产过程中，积累的有关胶原蛋白和纳米产品开发的尖端技术，运用在抗衰老的美容产品上，在2007年推出ASTALIFT化妆品系列，主打胶原蛋白、抗老化特点。

如今，ASTALIFT是Cosme大赏上的"常客"，深受爱美人士的欢迎。

正如富士总裁所说："巅峰背后总是隐藏着一个危险的山谷，我们要主动避开低谷。"胶卷市场还在巅峰期时，富士就开始制造自我的冲突，纵横突围，而当2010年胶卷市场需迅速缩减时，曾经60%的销售额来自胶片的富士却没有身处"危险的低谷"，收入反而增长了57%，而柯达的销售额则下降了48%。

	2000	2010
Kodak Sales	$14 billion	$7.2 billion (- 48%)
Fujifilm Sales	¥1.4 trillion	¥2.2 trillions (+57%)

Source: Kodak and Fujifilm Annual Reports.

冯小刚说自己"孤独求败"；

菲尔普斯说只有自己能破自己的纪录；

乔布斯离开苹果的时候说，没有人可以打败我，只有我自己可以打败自己。

对于伟大的人，伟大的企业，最大的敌人始终都是自己！

八、没有永远的敌人，只有永远的利益

在商业社会，竞合是更为复杂的竞争。利益永远是第一位，化敌为友比强攻硬取成本更低廉、收益更高。

雷军和董明珠台上打得不可开交，"10亿豪赌"没有输家，只有赢家，两家都赢得了过百亿次的曝光量；

……

与敌合作，绝对不是友谊第一，比赛第二，恰恰是敌人的资源、敌人的技术、敌人的市场份额令人垂涎，想要得到这些，强攻不若巧取，合作是用"不战而屈人之兵"的方法。

人类社会也是一样，只要存在利益之争，竞争就不可避免，竞合固然可以暂时平息战斗，但竞合绝对不是依附强者苟且偷生，竞合是积蓄能量，准备应对更激烈的竞争。

所以，竞争需要睁大眼睛，集中精神；合作也是丝毫马虎不得的……

邱吉尔说，"没有永远的敌人，只有永远的利益"。我想说的是，掠夺没有仁慈，利益面前，人性彰显出的尽是贪婪。

有了摄影术，大家觉得绘画的末日到了，而绘画到现在还"活"得好好的；

有了电视，大家觉得平面媒体的末日到了，现在平面媒体还在；

有了电脑，笔还在卖；

有了互联网，钢筋水泥的需求未减；

有了手机，情话只是多了个场子；

有了电子阅读，纸质书也没有消失；

有了补药，饭还在吃；

世界的逻辑并非全是你死我活。

——新周刊

树敌从来都是手段，不是目的，各位切记！

树敌的目的是争夺消费者，是为了最终的利益。

所以，不要无谓树敌，但也不要惧怕树敌。

最后规劝各位看官，千万不要选择那些看似蓝海、无法树敌的市场，没有强者的市场，也不会是被消费者眷顾的市场。

第九章 借势

即便你有特别厉害的产品，也需要等待需求的风口

虽有智慧，不如乘势。虽有镃基，不如待时

——孟子

即使有聪明才智，也要乘势而为；即使有好的农具，种田也要趁农时。

镃基是古时耕种的农具，一种大锄头。孟子的智慧，用今天的营销语言来翻译，就是即便你有特别厉害的产品，你也需要等待需求的风口。

《孙子兵法》里也提到过："故善战者求之于势，不责于人，故能责人而任势"。总之，没有帆，只用手划的船出不了远海，乘风踏浪遨游世界的前提是——等风来。

谢丽尔·桑德伯格，是全球最有影响力的女性之一，毕业于哈佛大学，曾任克林顿政府财政部长办公厅主任，之后出任全球最大的搜索引擎谷歌在线销售和运营部门副总裁，现在是脸书的二号人物。

从政府部门到谷歌，谢丽尔·桑德伯格曾经犹豫过，毕竟谷歌最初留给她的职位并不十分匹配她的理想和目标，但谢丽尔·桑德伯格听取了谷歌前CEO施密特的谏言：如果有人邀请你上一艘火箭，不要问上去之后能去哪儿，只要坐上去就可以了。这段话对桑德伯格的影响很深，于是她加入了当时规模很小的谷歌，上了这艘火箭。几年之后，她又加入了当时规模很小的脸书，上了另一艘火箭。

个体的力量是有限的，品牌的力量是有限的，我们都需要找到"火箭"借势，才能快速实现指数级的增长。

一、能解决冲突的贵人，才是我们要借势的巨人

如果说我看得比别人更远些，那是因为我站在巨人的肩膀上。

——牛顿

《商业周刊》的CEO在《站在巨人的肩膀上》一文中说："高手指路，较通俗的说法，叫'站在巨人的肩膀上'。"我们每天该花最多时间做的事，就是找到自己所需要的"巨人"，然后把自己变得身轻如燕，想方设法站在巨人的肩膀上。纵然我们无法复制他们的成功，但是我们可以借鉴他们成功的模式和方法。成功从来不缺机会，缺的是方法，缺的是奇招。从古至今，胜利永远青睐"善出奇者"。

可见，借势的第一步就是要找到"巨人"，站在他们的肩膀上，这样才能快速解决传播的冲突。

但判断谁才是我们的"巨人"，我们只有一条标准：

巨人是否可以帮助我们解决冲突。

就好比世界杯期间，所有的品牌都想借"足球"的势。

可乐广告，是足球明星畅饮；

啤酒广告，是足球明星干杯；

炸鸡广告，是足球明星大口吃鸡；

汽车广告，是足球明星炫技射门；

牛奶广告，是足球明星奔驰赛场；

……

在一堆足球明星、足球元素之中，试问，我们还能借到势吗？

消费者在一片诉求"世界杯合作伙伴"的声量下，变得无动于衷；

消费者在一群足球先生的裹挟之下，变得无法分辨；

消费者在一堆足球的演绎之下，也变得兴趣索然；

足球是否能解决传播的冲突呢？

显然不能。

借势足球，反而陷入同质化的泥潭之中，让消费者难以区分，甚至有的足球明星还同时代言了好几个不同品类的产品，品牌反而成为助力代言人的一把火。

而在 2018 年世界杯期间，叶茂中冲突营销策划的知乎和马蜂窝均未用足球元素，而是更加强调品牌的个性表达，反而在一堆足球广告中杀了出来。

从下载量上看，知乎从总榜排名第 119 名上升到总榜第 11 名，在苹果应用市场社交榜上冲到第一名。

很多人来问叶茂中，知乎是不是花了几亿元的广告费？

但事实上，知乎在世界杯期间只投了 5000 万元的广告费。知乎买的不是套播（最便宜的套播也得花 1.6 亿元），只在赛前、赛后各插播一次，但因为知乎是本着解决冲突的原则，借势世界杯，所以才成为世界杯期间反响最火爆的广告之一。

所以，我们要提醒各位看官的是：

我们要站在巨人的肩膀上，必须要选择那个能够帮助我们解决冲突的巨人，千万不要随大流，误入传播的沙尘暴中，白白浪费了我们的传播资源。

二、借——让 100 万元看起来像 10 亿元

"借势"说白了，就是蹭巨人的流量，借巨人的光环效应。站在巨人的肩膀上，不仅是为了提高眼界，更关键的是，能让万千大众看见你的存在。要和巨人产生关联性，你必须和巨人一样高大伟岸，值得信任，发生联结，否则你就白借了。

大家为什么要抢着和巴菲特共进午餐？

和巴菲特共进午餐，不仅说明你有钱，更深层的潜台词是说你有智慧、有眼光、有野心，你和巴菲特拥有旗鼓相当的智慧。段永平是国内第一个拍下巴菲特午餐的人，OPPO 和 vivo 的成就已经是众人皆知了，即便是和他一同共进晚餐的黄峥，也取得了不凡的成就，拼多多在巨头包围的互联网市场，硬生生杀出一条"农村包围城市"的血路。

拼多多在纳斯达克上市，美国人看到黄峥和巴菲特的合影，内心的防线估计也退了两公里。所以，你明白为什么很多人愿意捧着那么多钱，争先恐后地和巴菲特共进午餐的道理了：能当面聆听大师教诲自然是好的，但能把和大师的合影放在办公桌上接待客人，则更是无往而不利的事。

我们经常说国内企业要善于借，尤其中小企业不可能一夜之间塑造一个品牌，塑造品牌是长期的行为，但是可以借。借得好的话，至少可以在短时期内迅速提升品牌的知名度和销量。

叶茂中冲突营销在为真功夫寻找冲突式符号的时候，希望能通过借势的手段，快速解决品牌传播的冲突，让消费者第一眼就感受到真功夫品牌的价值。

尤其，当我们选择的是肯德基和麦当劳这样的国际品牌作为我们树敌的对象的时候。

借势谁才能与西式快餐的巨头抗争呢？

我们不能只是停留在产品层面思考，必须上升到精神层面，寻找能够借势的文化符号。

于是我们找到了最能代表中国功夫文化的符号——小龙哥。

借小龙哥的势，就会给消费者一种品牌的错觉、幻觉和心理暗示——"真功夫"背靠中国的功夫文化，制造了和西式快餐之间的冲突，成为消费者心目中中式快餐的头部品牌；借助功夫文化，借势于小龙哥，放大了我们的品牌光环，让真功夫的品牌价值放大了 100 倍。

2004 年，《功夫》电影上映，这对真功夫这个品牌而言，真是天赐良机。我们当然不会放过借势的机会。

于是，这样一张海报诞生了。当时，在广东的每一家电影院、每一家真功夫餐厅的门口都张贴了这张海报。于是，就出现了这样的消费者声音："真功夫挺厉害的，都参与'功夫'电影的投资了。""真功夫应该不是中国的品牌，肯定是一个国际品牌吧……"

借得巧，借得妙，就会有事半功倍的功效，一张海报就能为真功夫带来整部电影的宣传资源，《功夫》电影有多少关注，真功夫就承包了多少目光，这就是借的力量。

借，就是要以小博大，让100万元的投入产生10亿元的光环，这才值得借！

三、贵的，才是好的

有些企业往往出于成本的考虑，可能会退而求其次在一些小型媒体上曝光，其实还不如节约这些开支，一次性投入在强势媒体上，或者请巨星代言。

品牌借助外力的目的是制造品牌的幻觉、错觉和心理暗示。小型媒体带给人的错觉就是"你是小企业"。所以，尽量借势强势媒体及巨星的光环。

很多电视媒体一样承担了品牌背书的功效，比如湖南卫视、江苏卫视、浙江卫视等有优秀栏目支撑的卫视频道，都能给消费者很多保障，有强大的心理影响力。企业渴望与这些媒介产生关联，就是希望借助这些媒介的强大光环，给自己的产品进行品牌背书，以得到巨大的支持力量，借助其权威性和光环效应。

就像一个刚出校门的青年，他宁愿去 IBM 从最基层做起，也不愿去乡镇企业当一个部门负责人，因为他渴望在他的工作履历上加上"IBM 两年工作经历"这样的描述，使职业生涯有一个高起点。从企业的角度来看，中央电视台其实脱离了纯粹的媒体角色，它有双重角色和功能，一是最大范围内有效发布信息；二是提供品牌背书式的强大背景支持。

说到找明星做代言，一定有人会跳起来说："现在都什么时代了，讲究的是互动和沟通，要的是口碑，淘宝上那么多品牌都没请明星，不也每年营收几千万元吗？明星已经到了式微的时代了，'90 后、00 后'都追求自我个性的表达，谁还看明星啊？"

是啊，时代的确不同了，明星的信任度的确不如从前了，大量的明星代言虚假广告被曝光了，但这些都不妨碍明星的身价飞涨：因为雅客 V9，我们和周迅结缘，一转眼到了 2013 年，叶茂中和雅客合作已经整整 10 年了，我们建议陈天奖先生，找来 10 年前代言雅客 V9 的周迅，拍摄新产品广告。而周迅的身价涨了十倍，实在让我们羡慕不已，但是，人家的号召力就是强大，你随便找一个陌生的演员来代言，经销商、渠道商、消费者就是不认。

各位看官，我们从心理学角度去研究，人毕竟是社会化的产物，从众心理是我们的基础特性之一，社会化的角色决定了我们肯定需要意见领袖（要不就自己成为领袖），不是"A"就是"B"，总得有人填补这个空缺。作为一个普通的消费者，如果在社群上和你沟通的是周迅，你是不是会兴奋度高一些？如果隔天又收到周迅亲笔签名的小礼物，你是不是会更高兴一点？更何况，中国的消费者大多数都不自信。他们在购买产品的时候，需要意见领袖的引导。这个意见领袖，往小了说就是周围的人，比如老板、朋友；往大了说，就是明星。

比如柒牌男装的广告语——"生活就像是一场战斗，谁都可能暂时失去勇气，要改变命运，就先改变自己。男人就应该对自己狠一点。柒牌男装，迎着风向前"。这句话别人说也行，但是换了李连杰来说，产品的销售额一下子从2亿元跃升到10亿元，中间的跨度只有一年多。这就是明星的力量。

"傍"明星大款，就是利用明星的影响力，并把这种影响力和消费者对明星的好感转移到产品上。在广告里面，移情的作用非常明显，正所谓爱屋及乌。

在创意、制作条件都差不多的情况下，明星代言广告会大大节省传播成本和时间。

如果要说明星失效，那我们不妨看看奢侈品选择明星的标准。

皇室家族

戴安娜王妃带火了手袋 Lady Dior；凯特王妃带火了 Topshop……

顶级巨星

2014 年，蕾哈娜任 PUMA 品牌创意总监，推出的新鞋在市场上一炮打响，The Creeper 的首发系列被抢购一空，The Creepe 的火爆程度堪比耐克 AJ 系列，这是彪马以前从未遇到过的现象，同时也证明了蕾哈娜的全球时尚号召力，PUMA 从此走上了新的赛道。

国际奢侈品进入中国市场，无一不是选择中国拥有顶级流量的明星代言，奢侈品尚且如此，我们又为什么要选择陌生明星和小型媒体呢？

贵的，才是好的！

贵的，才是值得我们借的势！

四、势——风口还是赛道

势分为两种：

· 风口——蹭热度；

· 赛道——借助"消费者需求"的势能。

诸位看官是否还记得雷军的名言：在风口上，猪也能飞起来！

但也请一并记住一句名言：风过去了，摔死的都是猪。

小米的成功，让很多人都开始追逐风口，希望能"好风凭借力，扶我上青云"。

O2O、无人便利、区块链、共享单车、共享办公……曾经都是风口上的市场，受到追捧，但大风过后，又有多少幸存者呢？

知乎上有一个问题：有哪些事物，你以为刚刚开始蓬勃发展，但其实已经是顶峰了？

风口的危险性就在于此，当你看到风口的时候，风口其实已经到达了顶峰，到了由盛转衰的时刻，你想要借势能，就必须要评估自己下落的速度。

我们判断是否要借势风口的根源在于：你看到的风口是不是消费者需求的风口。

小米的成功，恰巧解决了消费者的冲突——3G 时代来临，消费者想要使用智能手机，但当时的智能手机价格都偏贵，小米用极致性价比解决了这个冲突，所以获得了第一批发烧友。

正是因为冲突的存在，小米的风口才是有价值的，小米所借的势才是成功的。

小米的每次成功其实都精准地抓住了消费者需求升级的机会点，无论是性价比超高的智能手机，还是小米之家的规模扩张，都精准地踩在"解决消费者冲突"的赛道之上，雷军内心一定明白风口的实质就是消费者需求，绝非跟随者描述的产品风口、模式风口、技术风口……

面对热点我们当然要借势，但我们必须清楚的判断风口之下，我们会被吹向哪里；我们更要想明白的是，相同的热点，必然是群雄逐鹿，我们如何在群雄之中彰显自己，让消费者能够一眼看到我们呢？

还记得人类拍摄的首张黑洞照片吗？

当时在营销界迅速刮起一股"黑洞风"，各大品牌迅速借势，连肛泰也生动形象地借势黑洞。

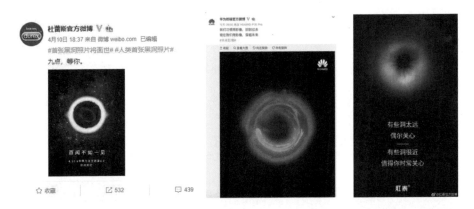

但消费者记住谁了呢？借势黑洞，除了博君一笑之外，如何提升产品和品牌的价值呢？

我们不能只是停留在风口的表面，我们要进行深层思考：风口究竟能为我们带来什么？是不是能够解决传播的冲突？借助风口，如何激发消费者的购买欲望，激发消费者对我们的喜好？

势，不仅是势能，也可能是未来的趋势，是未来消费者的需求赛道——我们真正要借势的应该是"消费者的冲突"，选择消费者需求的新赛道，才是产品长期发展之道，也是品牌的阳关道——这才应该是借势的本质。

当 5G 时代来临的时候，即便是麦当劳都想借势 5G，重塑自己的年轻态——借势"B 站"，发布了 5G 全球首发的广告，弄得"B 站"网友都以为麦当劳要转行做手机了……

终于在 2020 年 4 月 15 日，麦当劳揭晓了这款 5G 新品——麦麦脆汁鸡。运用了麦当劳"五大黑科技"打造的麦麦脆汁鸡，成为名副其实"5G 炸鸡"，在这些黑科技的加持之下，麦麦脆汁鸡为消费者们带来了新的美味。

　　开创者是勇敢的，跟随者是明智的。消费市场绝对不会是铁板一块，有了巨大的市场，一定也会有老二的机会。

　　千万不要以为这是小企业的行为，且看美团，从团购到餐饮外卖、民宿、美团打车、共享单车，基本都是以后进者的身份进入市场，直至让自己成为一个超级平台，和今日头条、滴滴出行重构了互联网商业生态，将过去"BAT"（百度、阿里巴巴、腾讯）的格局，演变成如今的"TMD"（今日头条、美团、滴滴出行）格局。借不仅为企业发展赢得了时间，也为企业前期的市场推广节约了成本，等先行者把市场都教育得差不多了，就挤进来，收割市场成果。

　　需要提醒的是，我们并非要盲目地借势于开创者的成功，而是要洞察开创者成功背后的原理，开创者的成功是否建立在冲突的基础之上。如果是，那就是一条新赛道，我们就应该在赛道上挤满参赛选手之前，快速跃升到头部位置，享受胜利的成果；如果你能在此基础之上，制造一些小冲突，做出差异化的产品创新，那就是最好不过的事情了。

　　敢为天下后，其实就是借势赛道，享受胜利成果。当一条赛道已经成为消费者需要的赛道，我们不妨快速踩上去，产品创新、品牌赋能、抢占头部位置，考验的就是我们的洞察力和执行力。

　　说得再深入点：风口是企业以自我为中心的产品模式，哪种产品火了，就赶紧跟进借其势能对市场进行收割，但如果缺乏对风口的深度洞察，不清楚产品为什么能形成势能的核心原因，想要清晰地判断产品是否是消费者真实的需求，就需要耗费大量的金钱和资本，去教育和培养消费者，往往还没等到自己的风来，就已经弹尽粮绝。赛道则是以消费者为中心的需求模式，消费分级之后，需求就会迭代，赛道就会重构，我们必须借助赛道的势能，才能更快速、高效地和消费者产生关系，只有和消费者建立好底层关系，才能确保我们的营销不会走弯路，才能正确地借势并走上快速发展的通道。

风口易落，赛道不止（因为消费者的欲望不止）。厉害的营销高手往往是鱼和熊掌，两者兼得：既能利用热点，蹭到流量，提升品牌价值，拉拢消费者；也能借势赛道，更好更快地解决消费者冲突，甚至在老的赛道上，制造消费者冲突，创造新需求。

五、借势——快

借势，先考验你的眼力，随后考验你的胆量。

眼力——判断势能是否能够解决冲突；

胆量——快速启动，快速执行，比你的竞争对手快半步。

【案例】雅客如何应对 2003 年的非典疫情

企业应该时刻准备着，机会总是垂青有准备的人，在突发性事件发生后，企业的即时反应往往能为自己寻找到机会。小概率事件不仅是战争，各种各样的突发性社会事件同样是企业发展的契机。在叶茂中冲突营销服务的五百多家全案客户案例中，也不时碰到过这样的状况，试举一例：2003 年春天，一家糖果企业带着 800 多个糖果品种来到我们公司：精彩巧克力、伯尔巧克力、滋宝维生素糖果、好合、浓点、和喜、天天、巧配、卡米比列、小圈子、麦考利、可妙、派对时刻……铺天盖地的巧克力布满整个公司，这家公司就是雅客。

雅客当时年销售额不到 6000 万元，营销费用要平摊到 800 多个品种上，效果可想而知。所以我们做的第一件事就是集中产品品类，也就是说，我们先为雅客这支产品球队打造一个"球星"，然后凭借"球星"打响雅客品牌，再以雅客这个品牌带动其众多的系列产品销售。

确定了这样的策略后，我们随即碰到了机会成本考量的问题，我们去打造哪个"球星"？这个"球星"的机会成本又是多少？我们有太多的选择，比如膨化食品、水果糖、奶糖、巧克力等。雅客当初倾向将资源投向巧克力品类，原因也很简单，巧克力高溢价，利润有保证。

巧克力的机会成本是多少？我们进行了细致的分析，巧克力虽然是一个高溢价的产品，但事实远非如此。巧克力首先是高端舶来品，中国的本土消费者在巧克力上的消费倾向更多是送礼而非自用，而礼品市场的属性也使巧克力市场早就进入了品牌竞争的阶段，消费者早已经形成品牌购买的习惯：德芙、费列罗这些国际品牌早已抢占了消费者的心智认知，而在国内品牌方面，也有金帝这样深耕多年的强力品牌。

反观雅客，一个知名度和美誉度都极低的品牌，市场传播费用又极低，选择巧克力的投资回报率可想而知，只看到了巧克力的高溢价空间，忽略前期需要付出的投入比重，这只是一个"看起来很美"的想法。

方向在哪里？我们是否能找到回报更高的可能？有没有机会借势？

2003 年，中国发生了一件大事：非典。

正是非典带来了借势的机会，为雅客 V9 带来了新的消费者冲突：

爱吃糖，而多吃糖不健康，但在非典时期，人们担心自己的抵抗力下降，希望多补充维生素；所以在非典时期，出现了一个能补充 9 种维生素的糖果，这不正是糖果爱好者的福音吗？

在洞察了这个冲突以后，叶茂中冲突营销重新梳理了雅客的产品，在 800 多个产品品种中选中了滋宝水果夹心糖（水果夹心糖中有维生素），并改名为雅客 V9（直接在产品名中体现产品的物质属性），重新设计包装（最能体现维生素和健康的橙色）。

产品真相——"2 粒雅客 V9，补充人体所需的 9 种维生素"，重构了维生素糖果的赛道。

快速借势，让雅客成为维生素糖果赛道上的领先者：

· 2003 年 8 月 26 日，雅客广告播出五天后，雅客公司签约金额达 2.3 亿元，经销商预付款 6700 万元，一个单品在上市当天创造如此纪录，这在中国糖果业是绝无仅有的。

· 雅客 V9 的铺货只用了 32 天，全面进驻各大终端渠道，以往从新品上市到产品上架，大约需要 80~90 天。

· 雅客全国市场频繁断货，始终处于供不应求的局面。

· 到 2003 年年底，雅客 V9 在全国的销售额达到 3.5 亿元，一个财年加上其他的品类雅客总销售额达到 8 亿元。

借势，如果不够快，势能也会消散一半。快，考验的就是企业的胆识。

中国人创造词汇非常睿智，"胆识"——胆在前，识在后。换句话说，在面对借势机遇的时候，胆量最重要，只有有勇气去面对，才有可能取得超常规的发展速度。

其实，每一个大事件的发生，都是品牌借势、高速成长的最好契机。

2005 年，蒙牛借"神舟六号"发射上天成功上位；2006 年，加多宝（曾用名：王老吉）借世界杯之势大举传播，在中国市场销量成功超越可口可乐；2008 年，李宁在奥运营销上取得空前成功。当然，例子还有很多，就不一一列举了，这里要说的是这些品牌的成功并不是偶然的，在成功背后首先是一个企业敢于迎接挑战，主动出击抓住机遇所拥有的胆量。

在有"胆"的同时，"识"也不可缺少，这里我们说说"相对成本"这个概念。打造品牌是需要付出成本的，由于大事件所蕴藏的商业价值已经被众多企业所接受，推广成本水涨船高也已经成为事实，于是部分企业就感觉风险大了，胆怯了。但从另一个角度来看，由于大事件所带来的社会影响力、媒体关注度、观众聚集效应的高度提升，品牌传播效果是成几何倍增的。据相关数据统计，2008 年北京奥运会开幕式收视观众规模占到全国电视收视总人口的 68.8%，其中开幕式收视率更是创下了自国内有收视率调查以来的新纪录，在李宁环绕鸟巢飞奔点火的这一刻，收视率更是攀升至 90%。

面对可以借势的机会，我们需要做到的就是快速抢占，比你的竞争对手快半步，就能取得指数级的增长。

2001 年，叶茂中冲突营销服务金六福，当时金六福还是一个新品牌，如何快速提升品牌知名度？

中国足球队在 2001 年冲击世界杯的十强赛中胜利出线，主教练米卢蒂诺维奇（简称：米卢）几乎被国人捧上了天，米卢差不多成了拯救中国足球的英雄，人人皆说米卢是中国足球的大福星，这不禁让叶茂中眼前一亮，立马就想到让米卢代言金六福，快速借势米卢。

不仅要借势米卢，而且要成为第一个借势米卢的品牌，如果米卢在中国拍的第一支广告就是金六福，那样才具有爆炸性的新闻价值。

叶茂中拉着客户快速谈判、快速拍摄、快速制作，用最快的速度，让全国人民听到米卢说："喝福星酒，运气就是这么好！"

金六福通过借势米卢，快速成为中国人的福酒。

借势，讲究的是巧劲，不是让你一味"蛮"借，要把握火候和分寸才能借出精彩。

荀子说："假舆马者，非利足也，而致千里；假舟楫者，非能水也，而绝江河。君子生非异也，善假于物也。"

古人的智慧尚且如此，在互联网时代，我们不仅要借势，还要跳上火箭助长势能，这样才能快速解决传播的冲突，不仅要节约传播成本，还要实现指数级的增长。

各位看官，我们都是有智慧的营销人——如何借？向谁借？借多少？都要紧紧围绕冲突展开。

如果脱离了冲突，借势只是短期的行为，获得的可能也只是过路的流量，对产品和品牌并未有实际的意义和帮助。

借来的势如果无法帮助企业获得倍数的增长，那就是亏本的买卖。各位看官，您觉得呢？

第十章　娱乐

所有行业都是娱乐业

一、是的，所有的行业都是娱乐业

公司的本质就是一个舞台，你要在这个舞台上，为你的客户、员工，"秀"出你要卖的东西！

——《哈佛商业评论》

不管是消费升级，还是消费分级，我们都要坐上开往幸福的列车。

所有消费产业的终点，都将是那些能提升消费者幸福指数的产品和品牌。在这样的前提下，所谓的性价比，就是指在消费者购买产品和品牌之外是否还能感受到乐趣、幸福和惊喜。随着新消费时代的到来，人们的生产及消费行为发生了极大的变化，从注重产品的实用性和价格，到从情景和情感出发，更加注重感官体验和心理认同。

如果可以让消费者提前感受到产品的诱惑力、品牌的魅力，那营销就能不战而胜，解决传播的冲突。

我们要把商业变成一场"秀"，不论是出售产品还是服务，我们都要用表演的方式，戏剧化地展示产品、传播品牌，让企业如同置身于聚光灯照耀下的舞台，让产品和品牌如同在聚光灯下的明星，让消费者不得不停下脚步，关注你、欣赏你、购买你、拥有你。

斯科特·麦克凯恩根据现代商业的发展特征，总结出一个真理：所有的行业都是娱乐业。

他把商业与电影、电视与音乐等娱乐业联系起来，把多年以来一直应用于娱乐业的东西引申到商业世界，那就是：要想成功，你就必须与你的观众建立一种情感上的联系。这样才能创造一种让客户无法拒绝的情感体验，他们购买你的产品和服务的原因是，他们可以一遍又一遍地享受这种情感的体验。

二、情感，是娱乐解决冲突的必要条件

娱乐不是低俗地迎合，而是首先要具备人格化的性格魅力。

蜘蛛侠：好像邻家大哥哥，亲切、平民化的英雄，让你觉得英雄就在身边；

钢铁侠：爱出风头，狮子座的英雄主义，也是万千少女的梦中英雄；

绿巨人：压抑情感的天才，谁都敢单挑的虎胆英雄。

在漫威的英雄世界里，到处都是个性化的英雄人物，爱恨分明，各有各的粉丝应援团。

在《冲突》（第 2 版）一书中，我们详细描述过：进攻右脑解决冲突，靠品牌真相（心理感受、价值共鸣，以及品牌的附加值等），是精神及心理的竞争。

品牌真相是解决消费者冲突的具体沟通方案，而不仅是品牌形象的输出；品牌真相必须是一招致命的。

用娱乐手段解决冲突，我们首要做的就是建立右脑的情感个性：

哈雷的硬汉；

苹果的天才；

迪士尼的永远长不大……

娱乐化营销的目的是为了和消费者建立情感的联结，个性越鲜明，越会吸引到忠实的粉丝群；个性越是坚持，越能帮助企业在各种娱乐的风口下，不会迷失初心。

一旦找到了和消费者建立情感的通道，我们需要做的就是坚持、坚持、再坚持，重复、重复、再重复。切忌，在各种风口的诱惑面前改变自己，否则最终只能导致消费者对你无法识别、无法跟随。

尤其，在如今年轻化的大趋势面前，很多老品牌都极度想要迎合年轻人，改变自己的品牌个性，但最后的结果呢？

诸位看官，还记得"90 后李宁"带来的"噩梦"吗？

当李宁企图用粗暴的方式去展示自己的"年轻"时，"90 后"消费者不但没有买单，连原本重视品牌的"70 后、80 后"也快速抛弃了李宁，李宁不仅没有实现"年轻化"的转身，更把自己的品牌迅速陷入了低谷。

痛定思痛。

所以各位看官：

娱乐不是凑热闹，更不是跟风，娱乐必须要建立在解决消费者冲突的基础上，才能构建自己的独特个性，才能让消费者爱上你、支持你、购买你。

三、只要成长，不要面子

一旦明确了自己的价值属性、品牌个性，在娱乐的世界里，千万不要有"偶像包袱""明星人设"。

在如今的流量世界中，强者越强，弱者淘汰。

新品为什么都喜欢找网红带货？

因为网红推荐后，能快速让新品的销量提升。新品就有机会高居搜索排名的前端，能够让消费者更快速地找到你、买到你。

在流量世界中，只有快速借势、快速扩张，才能保住流量持久涌动的源头；

娱乐的目的就是为了快速吸引流量，以汹涌之势奔向消费者；让他们在购买之前，就对你放低防线；在坚守品牌个性和价值观的前提下，我们要抓住一切机会，让我们的舞台发光发热，甚至发出巨大的笑声、歌声、

掌声，从而吸引消费者的视线和脚步。

但是，即便我们站在了舞台上，也千万不要以自我为中心思考，幻想自己是艺术家，可以慢慢培养消费者的艺术情节；而是要不断地以消费者中心为思考，洞察那些能让消费喜欢、痴迷、无法抗拒的娱乐元素。

对于企业家而言，如果可以放低身份，娱乐大众，无疑能够为企业省下"10亿元广告费"。

在这个时代，娱乐就是要有烟火气，要能和消费者愉快地玩起来，才有机会进一步加深彼此感情，发生美好的关系。

作为百戏之祖的昆曲，在清朝中期之后，为何会逐渐衰败？

实在是因为昆曲太高级了，太讲究了：一颦一笑，一指一步皆有深意，十分注重其独特的文化品位和修养。

而到了清朝乾隆时期，市民阶层崛起，老百姓实在没耐心理解昆曲的"此中深意"，纷纷投向京剧——彼时的京剧，则充分以消费者为中心思考，让消费者听得懂，看得爽；唱、念、做、打，样样都能博得消费者的注意力和掌声，充分娱乐了当时的消费者，最终取代昆曲，成为"国粹"。

到了今天，京剧没落，王珮瑜为了让更多年轻人能重新喜欢上京剧，举办"瑜音绕梁"清音会，创办演音会，为大众做讲座，出席《跨界歌王》《天天向上》等电视节目，在弹幕网站上直播京剧技巧，和各种流行文化合作，用当下的娱乐文化重塑京剧，很多人说"瑜老板"降低了京剧的格调，但"瑜老板"认为让"还没有爱上京剧的人"明白"京剧很好玩"才是当下最重要的；"让京剧流行起来"，才是最重要的。

只要成长，不要面子。既然选择了娱乐精神，我们就要和消费者玩在一起。

诸位看官，你看现在的品牌，分分秒秒都有"戏精"上身的感觉，从汽车品牌到快消品牌、餐饮品牌，几乎每个行业的品牌都在走人格化的道路，而且每个品牌打造的"人设"，绝不是高高在上的权威形象。

旺旺，自从发明了旺仔表情包，就一直在这条道路上狂奔。

钉钉在疫情期间的表现也堪称经典。

在疫情期间，钉钉的存在严重影响了学生们快乐的放假计划——钉钉作为阿里旗下的办公软件，在中小学受疫情影响开学时间不断被延后、企业复工一拖再拖的大背景下，其稳定、流畅的直播效果，成为线上教育的首选平台，也成为学生们最"讨厌"的软件。

于是，很多学生们对钉钉做出恶意评价，疯狂打出一星评价，钉钉辛辛苦苦维护多年的 4.9 分好评，一时间降为 1.3 分。

很快，钉钉就发布了"在线求饶"的视频进行危机公关，通过"可爱、卖萌、求饶"的方式，请求用户给予五星好评，视频在"B 站"上线后全站日播放量第一，也登上了微博热搜，成功缓和了和用户之间的关系，热度也水涨船高，成功破圈。

在守住底线的前提下，品牌要能和消费者玩在一起，把消费者当成一个孩子，把自己也当成一个孩子！

四、俗——是娱乐精神的灵魂

·习俗先于一切法律，自然胜过一切艺术（丹尼尔）。

·习俗是另一种天性（盖仑）。

俗的一切源头都是基于人性。所以，追本溯源，对俗的解释不能以偏概全，让恶俗成为俗的代言，是不公平的。

通俗而非恶俗。

所以俗广告绝对不等同于恶俗广告，它们之间的区别就在于，是否能够获得消费者的价值认同。

你可以说脑白金是俗广告，但它绝对不是恶俗广告。脑白金的背后代表了对送礼市场深刻的洞察，否则也不可能为史玉柱带来第二次巨人崛起的机会。

在俗的背后，隐藏的其实是文化的冲突：俗和雅的冲突，由来已久，比如阳春白雪和下里巴人。

同样的道理：如果俗能快速解决传播的冲突，我们又何必居于"庙堂之高"呢？

远离江湖的结果，可能就是远离了消费者生活的土壤，所以奥格威特别反对那种辞藻华丽、内容空洞的"文学派"广告，提出"不要试图把广告乔装成文学作品"。相反，他很欣赏霍普金斯的观点，"高雅的文字对广告是明显的不利因素，精雕细刻的笔法也如此。它们喧宾夺主把对广告主题的注意力攫走了。"因此，奥格威强调："不要用最高形容词、一般化字眼和陈词滥调。要有所指，而且实事求是。"

这种实事求是，就是接消费者的地气。

不仅中国如此，其实日本的标语也体现了"俗的才有力量"的道理——简单、直接、接地气。

除了死，其他都是擦伤。

人生不要留下遗憾和剩饭。

你也会死的！

简直醍醐灌顶，一击命中要害，最通俗的话语，甚至是调侃式的娱乐化风格制造了巨大的冲突。

五、俗广告的目的是为了解决传播的冲突，不是为了低俗的娱乐

俗的目的，是为了解决传播的冲突，让消费者一看便知，一听便晓，直接打动人心。就像奥格威说的，"我只知道，如果你想要说服你的听众做某件事情、买某样东西，你必须要使用他们的语言和他们的思考方式。"

来源于生活，有生活的共识，其实是俗广告获得成功的原因——源于生活，才能激发共鸣，转化销售。

妇炎洁品牌的广告语："洗洗更健康。"——很不幸入选当年十大恶俗广告语，对此叶茂中十分不解，第一是这句话有何恶俗？第二是这句话难道不好用、不卖货？为什么商家从来不换呢？

赶集网广告中毛驴的选择就受到受众广泛喜欢，"赶集网啥都有"也一度成为流行语，有"80后"小夫妻在网上介绍：两人一同出门看电影，老婆渴了，要买饮料，老公从背包里拿出一瓶矿泉水；老婆一会儿又想吃零食，老公从背包掏出一个大苹果；老婆要去卫生间，老公掏出卫生纸……结果老公就被老婆起外号叫"赶集网"，因为他"啥都有"。不只是毛驴和姚晨，随后的跨栏篇和孙悟空篇，我们全都用了最接地气、最能和消费者交流的元素，延续着赶集网广告一贯的风格，事实证明，这种风格是最有效的。

很多人都觉得泰式广告很有趣，广告文化的多样性本是无可厚非的，但各位看官，我们时刻要记住的是：娱乐广告的目的，是为了销售！是为了增长！而不仅是为了取悦消费者，从而使其忘记了购买我们的产品。

在"寸秒寸金"的传播时代，我们不要考验消费者。

·消费者没有足够的耐心和时间来看广告；
·消费者没有足够的热忱，会主动记住我们的产品和品牌。

广告是商业行为，不是综艺节目，更不是艺术行为；广告是为了销售而存在的，解决冲突的娱乐，才是有效的广告传播。俗广告，其实就是用消费者熟悉的元素和方式，快速拉拢消费者；俗广告需要用重复的手段，来强化消费者对产品诉求的认知和对品牌的记忆，但最终的目的是为了销售和增长。

娱乐也罢，通俗也好，关键是你有没有给消费者提供能解决他们生活冲突的方案和产品，能让消费者在欢声笑语中，喜欢你的品牌，接受你的产品，产生浓厚的购买欲望，这才是娱乐营销的本质。

娱乐营销的前提是，你必须有解决消费者冲突的战略诉求，用消费者更乐于接受，便于记忆的方式传播。如果没有冲突需求作为指导，那娱乐的结果也只是博君一笑，无法长久地留在消费者的记忆中；所以，我们要娱乐，但必须有"销售目的，增长结果"的娱乐。

在为易车策划时，叶茂中冲突营销选择了时下最有娱乐精神的沈腾作为易车品牌的代言人，但我们不满足于沈腾只是喜剧人的娱乐身份，我们需要为沈腾戏剧化地定制冲突式的品牌符号，更快、更好地帮助企业解决传播的冲突。

消费者在买标准车的时候最大的冲突是什么？

可能是口碑，

可能是价格，

可能是配置………

在叶茂中冲突营销看来，消费者所有的关注点，归根结底就是三个字：怕吃亏。

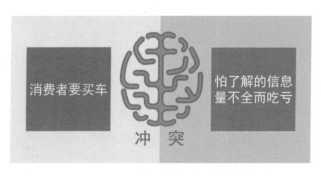

洞察了"消费者要买车，怕了解的信息量不全而吃亏"的巨大冲突，我们为易车制定"价格全知道，买车不吃亏"的战略诉求。

如何戏剧化地包装沈腾，让他更有娱乐精神，并且能让消费者更快速地记住易车"买车不吃亏"的核心诉求呢？

我们让沈腾扮演财神，拿着大大的金元宝，大声告诉消费者"价格全知道，买车不吃亏"的诉求。

不得不说沈腾的确是一个浑身长满喜剧细胞的演员，几个眼神、几个表情，就把财神演得活灵活现。

买车，你怕价格吃亏吗？

怕啊！

赶紧上易车，

新车价格全知道，买车不吃亏。

价格？易车全知道。

优惠？易车全知道。

口碑？易车全知道。

上易车，

价格全知道，买车不吃亏！

两个沈腾，几个来回，开开心心地把冲突解决了，也让消费者愉快地记住了易车品牌。

娱乐的目的，是要降低消费者的记忆成本，解决传播的冲突，各位看官，切记，切记。

六、不娱乐，不成活

1986年，尼尔·波兹曼出版了《娱乐至死》一书，书的前言里把乔治·奥威尔的《1984》和赫胥黎的《美丽新世界》做了一番比较。

"奥威尔害怕的是那些强行禁书的人，赫胥黎担心的是失去任何禁书的理由，因为再也没有人愿意读书；奥威尔害怕的是那些剥夺我们信息的人，赫胥黎担心的是人们在汪洋如海的信息中日益变得冲动和自私；奥威尔害怕的是真理被隐瞒，赫胥黎担心的是真理被淹没在无聊烦琐的世事中……

简而言之，奥威尔担心我们憎恨的东西会毁掉我们，而赫胥黎担心的是，我们将毁于我们热爱的东西。这本书想告诉大家的是，可能成为现实的，是赫胥黎的预言，而不是奥威尔的预言。"

波兹曼还认为，在现有的电视文化里，政治、商业和精神意识都发生了如孩子气般的退化降级，成为娱乐，成为幼稚和肤浅的"弱智文化"，使印刷时代的高品级思维以及个性特征面临致命的威胁。

时至今日，事态并未发展得那么严重。

娱乐文化的盛行，与其说是现实压力下的自暴自弃，倒不如说是一种独特的乐观主义精神，这种非暴力的、戏谑式的演绎，正是普通民众对于生活态度的某种意义上的清醒认知。生活已经太累，为什么不能让自己舒服一下？弦已经崩得快断了，为什么不放开束缚，忘我地、大声地高歌一曲呢？

娱乐无罪。

我们比以往的任何时候更需要娱乐，娱乐是一种阀门，一种出口，我们有权利在八小时之外的生活里当个暂时的傻瓜。一个人的自嘲也好，集体的狂欢也罢，只要娱乐能解决冲突，怎么都好。

第十一章 游戏

营销就是一场游戏，该认真认真，
该混蛋混蛋

一、人为什么会喜欢玩游戏

每个人都有求胜的欲望。

玩游戏会刺激到大脑多巴胺的分泌，有些神经学家也将其称之为大脑的奖励系统。当我们赢得游戏时，大脑的奖励系统充满了多巴胺，让我们在精神上得到超值的满足感，进一步刺激了求胜的欲望，直至让你上瘾。

厉害的游戏设计，可以完美地解决焦虑和享乐之间的冲突；让消费者享受游戏带来的满足感，却不会产生过度的焦虑感，每次设计小小奖励的门槛，又会激发消费者取得下一次胜利的欲望。最经典的当属俄罗斯方块游戏。

俄罗斯方块可以说是所有消

除类游戏的鼻祖。这款风靡了 20 多年的游戏，很多科学家都对其进行了相关研究。根据科学研究显示，在俄罗斯方块的背后，隐藏着"蔡格尼克记忆效应"——人们对于未完成的事情总是记得更加清楚，甚至不知不觉沉迷其中，迫使自己一定要完成。完成之后，又会刺激下一次消除的欲望，最终导致了消费者在游戏中难以自拔。

各位看官，先来思考一个问题：俄罗斯方块的界面设计，为什么要选用最简单的方格设计？

其实，这其中制造了一个冲突：看着如此简单的游戏，但真玩起来，你永远等不到那个"该死的直棒"，只能眼睁睁地看着墙头越来越高，最终惨败。这时，玩家内心会产生巨大的冲突感——怎么那么简单的游戏，我都赢不了，再来一局吧！

因此，你就陷入了俄罗斯方块设计的游戏圈套，求胜的欲望会被一次次地激发，直到抵达胜利的终点。

各位看官，请继续思考：从农耕时代的田头游戏到今天的电竞游戏，人们为什么喜欢游戏呢？

心理学家认为，人类喜欢在游戏中得到一个立即反馈——在任何一款游戏里面，人的行动，都可以得到一个明确的反馈，比如孩子玩的斗鸡、丢沙包、跳绳等游戏，你有技巧、有力气，就能赢；在电竞游戏中，点一下鼠标，就打一下怪物，按一下键盘，就走一步路；打死一个怪物，就增加一格经验，经验满了就变得更厉害，做的每一个动作、花的每一分钟，都直接帮助我更快成为一个赢家。

有些人为什么会沉迷游戏，就是因为游戏相比现实，给了人们太多的即刻反馈，让人们快速享受"努力就有回报"的快感，大大激发了求胜的

欲望。

为什么微信开发了"点赞"的功能，其实也是激发大家对分享、发布行为进行立即反馈，而有了立即反馈，就能激发人们更多的表现欲。

游戏其实帮助我们暂时摆脱了现实生活中的冲突，让我们得以在游戏的世界中喘息，甚至称王。所以我们热爱游戏，戒不了游戏。倘若能够有效地利用游戏，就能帮助产品和品牌解决冲突，拉近和消费者之间的距离，激活消费者的使用、购买热情。

二、游戏解决冲突的关键要素

· 好玩

· 奖励

这两个要素就是游戏让用户欲罢不能的要害。

设计游戏的高手其实都是洞察人性的高手，他们明白快乐和难过之间的冲突。

孩子在游戏中得到了多大的快感，必然就要承受多大的负罪感，该如何和爸爸妈妈交代？

男生"开黑"一个小时，或许就要花费两个小时陪女朋友逛街弥补；

你彻夜不眠玩得酣畅淋漓，第二天对身体健康就产生了大大的负担；

……

厉害的游戏设计，都会在通往快乐的道路上，设置"痛苦"的关卡。就是希望能解决人们在快乐和痛苦之间的冲突，减少玩游戏带来的一些负面效应；但又要时刻注意度的把握，要用奖励的方式鼓励用户继续下一轮的挑战。

如果把握不好度，就会像任天堂 CEO 山内溥所说："我们从事的这个行业，天堂和地狱只有一墙之隔。"

所以，好玩是游戏的本质；奖励则是解决冲突，提高复购，持续购买的手段。

用"好玩"解决所有冲突

知道奥巴马带进白宫的第一件家电是什么吗？

知道英国女王最喜欢的家电是什么吗？

任天堂家用游戏机。

任天堂的铁腕社长山内溥曾说过这样一段话。

专注于游戏本身，重要的不是高新技术，而是好玩的游戏体验。所以，任天堂很少陷入追赶最前沿技术的潮流中，而是总在思考如何用技术使游戏更好玩、更方便。

当然，任天堂曾经也陷入过游戏竞争的低谷，微软和索尼不断将游戏推向新的科技高度，但由于全球经济不景气，人们留给游戏的时间越来越少，大人们都在加班，孩子们都在补课，如何改变游戏的命运，扩大游戏玩家的队伍，成为任天堂重新洞察冲突的起点：去找到那些已经不再爱玩游戏、从来不玩游戏的人，让他们重新感受到游戏的魅力。

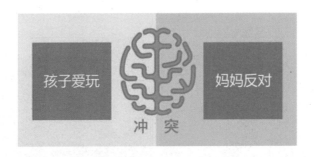

电子游戏往往是引发家庭冲突的引爆点，无论是小孩过度沉迷，还是玩完游戏不收拾，妈妈们都会视游戏为麻烦之物。

如果能解决这一冲突，无疑就是游戏机的新市场机会。

反过来说，妈妈们的需求正是新一代游戏机的出发点。

任天堂开始研究"好玩"的游戏机，而不再是高性能的游戏机。凭借体感操作的创新和简单好玩的理念，Wii迅速占领家庭市场。

激发全身运动的"好玩"，成为妈妈们的喜爱，不再担心孩子的近视，沉迷游戏不可自拔，甚至会和孩子一起挥汗比赛，任天堂成为亲子之间互动和沟通的道具，解决了妈妈和孩子之间关于游戏的巨大冲突。

并非妈妈们不爱游戏，只是你的游戏不好玩！好玩的游戏才能解决家庭的冲突，让全家人一起玩起来。

各位看官不妨想想，你的产品有没有好玩的包装？好玩的体验？好玩的设计？能不能让消费者玩着玩着就爱上了产品，离不开产品了呢？

奖励，解决游戏者内心的冲突

如果不是专业级玩家，多少都会在享受游戏快感的同时背负一定的心理压力。

适当的奖励，就是提供给用户一个消费借口和心理支持。

·积分（收集）系统

·升级机制

·排行榜

·奖励

……

这些都是奖励的方式。

如果一个营销活动在设计时可以结合以上环节，给人群带来游戏化的感受，也能大大解决消费者在购买过程中可能产生的冲突。

以积分（收集）系统举例来说。

人们之所以对这种游戏如此痴迷，是潜意识中人们的成就感在作祟。不仅是完美主义者和有强迫症的人，还有大多的用户对于"未完成"或是"不完整"都会感到不舒服,人的收藏欲望是与生俱来的。集邮并不是没落了,只是付出的精力太大,如果付出的时间比较划算,我想很多人会被收集的美好感觉所诱惑。

那么你需要做的就是创造一个简单的系统(很多时候它是庞大的而且是不太容易达成的),然后等着用户自己去一点点把这个拼图拼好。

很多游戏都是这样做的,比如游戏"植物大战僵尸"。

要把全部 42 种植物收集完整,不花一点功夫是不行的。

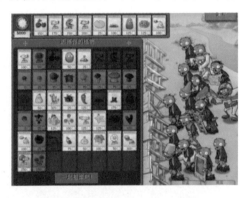

在现实中,星巴克做得也很成功。

收集星巴克城市杯的过程是艰辛的,因为只有你到每一个城市,才有对应的咖啡杯出售,收集完成的过程,也就等于走遍世界的过程,绝对不是一件容易的事。但事实是,有大批的人正孜孜不倦地进行着这份工作。

在社交网络中，在 LBS 网站 Foursquare 上，用户通过签到获得各种徽章，或者争抢某地市长的称号，而用户所能得到的奖励是——勋章。

和平年代，没有"上阵杀敌"的机会，不要紧，Foursquare 有勋章等你来拿。

Foursquare 的数码营销和电子商务经理 Kevin Warhus 说过："随着 Foursquare 时代的来临，以及一系列其他的社会化签到工具、奖励和勋章已经成为一种时尚……人们自然而然地享受因为自己的付出被奖励，并且愿意收集对他们所付出的时间和精力的证据从而向朋友们炫耀。"

没错，这是一种时尚。

再说说升级机制。

升级的机制几乎贯穿了所有的网络游戏系统。玩家疯狂地玩，从 1 级到 10 级再到 30 级、50 级，没有尽头，玩家的升级热情近乎恐怖。图什么呢？很简单，高等级才能拿好装备，高等级才能更厉害，高等级才能打败低等级的人。简而言之，更高的等级，意味着更好的服务，更多的游乐选择，更好的用户体验。

升级机制的经典案例当属航空里程计划。

里程计划起源于 1979 年，得克萨斯航空提出了飞行常客奖励计划在随后的三十年里，这种简单明了吸引乘客的形式被全世界几千家航空公司发扬光大了。

普遍的形式是：乘客们通过这个计划累积自己的飞行里程，并使用这些里程来兑换免费的机票、商品和服务以及其他类似贵宾休息室或舱位提升等之类的特权。

没错，这和游戏中打怪升级没什么区别。而这种系统的实质就是以层级区分的诱惑，一旦一个人习惯坐头等舱，很难再把他赶回经济舱去，而他只会进一步期望再把头等舱分出精英头等舱和普通头等舱，或者直接坐到驾驶室去，没错，这是一种上瘾的欲罢不能的冲动。

人其实就是这样劣根性凶猛的生物，表面上号称人人平等，其实心底里大多期望自己站在金字塔的顶端，高人一等、俯视众生。我们都痛恨不平等，但是同时我们又暗自努力甩开现在自己身处的等级，无时无刻不往高等级的地方攀登。而航空公司只要默默地迎合我们的想法就可以了。

你看，做营销很简单，只要陪着人们做游戏，帮助他们"称王称霸"。

如果你是卖家，你有几个皇冠？

如果你是买家，你有几个皇冠？

　　与升级机制牢牢地捆绑在一起的，是排行榜制度。

　　得分、等级、排行榜，这是相互关联、牢不可破的一个系统。等级激励用户不断向前，而排行榜则把这种竞争直观化，明确地告诉用户，你在哪，你前面有多少人，你后面有多少人，你距离下一个等级还需要满足多少条件。

4分-10分		4分-10分	
11分-40分		11分-40分	
41分-90分		41分-90分	
91分-150分		91分-150分	
151分-250分		151分-250分	
251分-500分		251分-500分	
501分-1000分		501分-1000分	
1001分-2000分		1001分-2000分	
2001分-5000分		2001分-5000分	
5001分-10000分		5001分-10000分	
10001分-20000分		10001分-20000分	
20001分-50000分		20001分-50000分	
50001分-100000分		50001分-100000分	
100001分-200000分		100001分-200000分	
200001分-500000分		200001分-500000分	
500001分-1000000分		500001分-1000000分	
1000001分-2000000分		1000001分-2000000分	
2000001分-5000000分		2000001分-5000000分	
5000001分-10000000分		5000001分-10000000分	
10000001分以上		10000001分以上	

　　利用奖励机制，各位看官，你能解决什么冲突呢？

三、利用游戏，解决冲突

　　人们都喜欢在游戏中快速得到正面的反馈，尤其是年轻的消费群体，利用游戏得到即时享乐的体验感，能更快速地解决冲突。

　　用游戏的方式贩卖产品和品牌，让消费者在购买的过程中，享受到游戏的奖励，刺激他们能更快速、更高频地购买产品，甚至主动传播品牌。

拼多多，就是电商游戏化的代表（游戏化是指一种在非游戏的领域中，采用游戏设计元素和机制，使用户能够获得游戏式的体验，并做出与游戏中类似的行为）。

拼多多解决的核心冲突，不是便宜，而是满足消费者"占便宜"的需求，但拼多多也明白消费者想占便宜是天性，但有时碍于面子又不能时常做有损形象的事情。

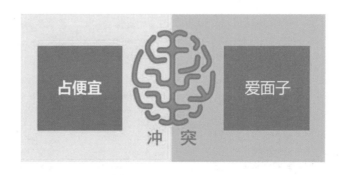

所以拼多多利用了游戏的方式，来解决这一冲突：在分享、拉新之后用户就能立即获得奖励，并且所有参与拼团的人都能享受这种优惠，放大了"真兄弟一起砍价"的情感，解决了消费者可能会认为自己是占朋友便宜的冲突感。

为了提高产品的使用黏度，激发消费者高频使用，拼多多还利用了游戏中每日签到的手法，吸引用户每日打卡——推出了月卡制度，用户购买月卡后可获得各类优惠券，但每天仅限申领一张。使用优惠券的有效期为3天，每周会发放新的优惠券。

奖励机制就是游戏解决消费者购买冲突的关键——让消费者立即得到正面反馈的核心要素。

此外，拼多多还推出了多多果园——种树送水果，包邮送到家。

你只需要每天打开 App 往树上浇水，然后你可以看到果树一步步成长，到最后你会得到真正的果子，这对于玩游戏的人来说特别有成就感，这还是第一个把虚拟产品带到现实生活中的产品。在网上可以搜到很多用户的反馈，他们收到了各种水果，并且是包邮的。当然你如果觉得线上的水果不太靠谱的话也可以兑换成无使用门槛的优惠券。而对于用户来说：浇水和做任务都不耗费多少时间，操作也不复杂，只要每天坚持就可以领水果，这么好的事情，何乐而不为呢？

德国的学者在 2016 年曾经针对德国一个电商 APP 的 2 万名用户进行了 1 个月的跟踪研究，结果发现，游戏中的奖励机制对于用户活跃度有显著促进作用。其中，有形的奖励机制（比如代金券）比无形的奖励机制（比如等级、排行榜）更能促进用户的活跃度；在电商中使用游戏化的机制，有助于增强用户对电商公司的忠诚度和满意度。

游戏,让消费者快乐享受当下;利用游戏,让消费者快速购买,反复购买,享受因购买而得到的奖励,最终形成购买的惯性。

各位看官,明白了吗?如果你的产品和竞争对手相比,实在没有差异点,不妨用游戏的思维重新设计你的产品,比如产品的使用方法,产品的购买方法……

利用游戏的"好玩"特性重构产品,让产品进入"娱乐"的赛道。

还记得奥利奥怎么吃吗?

早期的奥利奥吃法:"扭一扭和舔一舔"。

演变到今天的:"扭一扭、舔一舔和泡一泡"。

奥利奥的饼干有多好吃,我们暂且不说,但吃一块饼干,能如此富有趣味性,可以说没有第二家会这么做了。通过游戏的方式,让一块普通的

饼干，变得如此好玩，畅销了107年，卖出4900亿块，也就不足为奇了。

特别是近年来，奥利奥在社交媒介和消费者的互动就更多了，奥利奥打造出好吃又好玩的产品、好看又有社交属性的包装，再加上锦上添花的外围营销传播，增加了产品的附加值。

和故宫联名。

和《权力的游戏》联名，推出了特别的饼干款式。

奥利奥成了人们心中"最会玩的饼干"。根据 FCB 方面发布的数据，有 59% 的受众认为奥利奥是一个有趣的品牌，有 65% 的人认为奥利奥是一个非常有想象力的品牌。

四、用游戏的心态，去做营销的游戏

人生如戏，其实这个戏不该是戏剧的戏，而该是游戏的戏。

想必有些人会说："光阴似箭白驹过隙，怎可儿戏？"放轻松一点。在人生大方向上，没错，我们需要清晰知道自己要往哪走，要有自己不可动摇的原则和不可逾越的底线；但在具体去贯彻这个信念时，大可以以游戏的态度去对待。

案例：全国销量，第几

我们在前文中提到，在 2010 年年初，挖掘机的市场格局和现在大相径庭：以小松为代表的日本品牌占据市场主导地位，市场占有率超过三分之一，欧美品牌市场占有率基本稳定，而国产品牌在市场中只分到了一块小蛋糕。即使当时三一重机已经进入了国产品牌的第一梯队，其年销量也仅仅是全国第六。

三一重机的主要目标人群是 25 至 35 岁的农民，他们的信息量相对比较狭窄，能接受到的品牌信息相对闭塞，在他们的认知中，觉得日本小松这些进口品牌相对而言质量会更好一些，所以大多数人都选择了进口品牌。

如何帮助三一重机迅速从日本等进口品牌中突围呢？

如何让消费者感觉你的产品比进口产品更好呢？

简单、粗暴、一招致命——叶茂中冲突营销在策划时，制定了"三一挖掘机第一"的战略诉求：通过"销量增速第一、服务品牌第一、产品系列第一、产能全球第一、创新能力第一"等多个第一的诉求，制造了消费者的错觉、幻觉和心理暗示；给他们以强大的"三一是第一"的心理暗示，驱动他们内心的"从众效应"，改变了目标人群对品牌的接受度。

当然这还不算完，在传播的过程中，核心诉求是一次又一次的重复积累，因此三一重机在各种渠道通过各种手段不断重复着"全国销量第一"的概念，如"三一小挖"秒杀的活动。

在此次活动中，三一重机继续强化"第一"的概念，参加秒杀的网友必须先参加一个小游戏，回答预先设计的几个问题才有资格参加，第一个问题：三一挖掘机全国销量是第一还是第二？答案自然是三一早已设计好的。如果你敢回答第二，不好意思，价值 36 万元的"三一小挖"就要和你说再见。

如果你已经是第一工程机械网会员请先 **点此登录**

非本网会员请直接注册/填写参与夺彩。
（4个问题需全部答对。以下信息为参与夺彩的凭证之一，请如实填写，*为必填项）

*1.三一挖掘机全国销量是第一还是第二？
◎ 第一　　　◎ 第二

*2.三一"品牌价值承诺123"的"一比两换三高"当中一比是指：其他品牌同吨位机型在相同工况下与三一挖掘机比武（相同效率下，油耗低者胜；相同油耗下，效率高者胜），在三一全国30个以上的省会城市及地级市的4S店设定的固定擂台上，挑战成功送10000元奖金，是否正确？
◎ 对　　　◎ 不对

*3.两换是指：2个月或500小时内，关键部件出现问题免费换机，是否正确？
◎ 对　　　◎ 不对

*4.三高是指：3年或6000小时内，旧机可以置换新机，旧机以当初购机价格的50%计算，是否正确？
◎ 对　　　◎ 不对

事实证明，三一重机的"第一战略"，快速解决了消费者认知和事实之间的冲突，在短时间内引爆了市场，使得三一重机销量，当年迅速从第六变成事实上的行业第一。

2010 年年底，三一挖掘机全年销量就达 20614 台，市场占有率为 12.3%，高出小松 0.3 个百分点，成为事实上的行业第一。

2014 年，三一重机市场占有率达到 15.1%。

2015 年，三一重机市场占有率达到 17.7%。

2016 年，三一重机市场占有率达到 20%。

2017 年，三一重机市场占有率达到 22%。

2018 年，三一重机市场占有率达到 23.1%。

五、营销人，首先应该是爱玩的孩子

在营销的世界里，会玩的孩子才能如鱼得水，不喜欢游戏的孩子根本不占优势！

营销，有时本来就没有规则好讲，营销不是请客吃饭，也不是礼尚往来。做正人君子很好，但在这个世界里不是最好的选择。

当然，我们的"坏"是有底线的坏。我们所有的"会玩"行为，都是建立在利己不损人的基础上。

"兵者，诡道也。故能而示之不能，用而示之不用，近而示之远，远而示之近。利而诱之，乱而取之，实而备之，强而避之，怒而挠之，卑而骄之，佚而劳之，亲而离之。攻其无备，出其不意。此兵家之胜，不可先传也。"

中国人说，"淘小子出将军"，淘气的小孩子大都是很会玩的，会玩就难免闯祸，被贬斥为"狗都嫌"，可是，总有好事者要较真，哭着喊着要证明，小孩子淘气、会玩长大有出息，经过多年的跟踪观察得来的数据表明："淘小子出将军"这句俗语确实有理有据。

为什么呢？

原因很简单，因为会玩的孩子，通过游戏给自己创造的"技能训练机会"更多。

会玩的孩子在游戏中所获得对抗经验更多，要获得对抗的经验，就需要多次重复练习技艺和思考如何战胜对手。从而提高运筹帷幄的全盘策划能力、协作能力、领导能力、进攻能力、借势能力、另辟蹊径的能力、逆向思维的能力……

比如可爱的汤姆索亚将刷围墙的体力活变成"游戏"，不仅获得了小朋友们各种玩具和讨好，还乐得清闲，在树荫下看着别人替他将围墙刷了一遍又一遍。想要创造一个"游戏"，并取得这个游戏的胜利，那就需要动动脑子。智慧，总是在经验中提炼出的，而经验离不开重复练习。

当然别忘了他，维珍品牌的创始人理查德·布兰森，举世闻名的坏小子。

他旗下拥有 200 多家大小公司，涉及航空、金融、铁路、唱片、婚纱等，

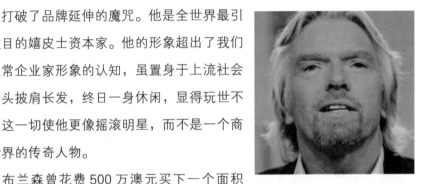

彻底打破了品牌延伸的魔咒。他是全世界最引人注目的嬉皮士资本家。他的形象超出了我们对正常企业家形象的认知，虽置身于上流社会却一头披肩长发，终日一身休闲，显得玩世不恭。这一切使他更像摇滚明星，而不是一个商业世界的传奇人物。

布兰森曾花费 500 万澳元买下一个面积达 10 公顷的小岛，专供自己公司的员工度假用。不拘一格是布兰森的标签，他把这种最重要的商业特征发扬光大，将他的维珍品牌塑造成了酷的象征。嬉皮士出身的布兰森很厌烦大企业的那种穿西装系领带的正派人士，正是这种不羁的性格，使员工深感亲切。

他还做过一些比较疯狂的事。

- 他亲自开坦克车碾过放在时代广场上的可口可乐，宣示维珍集团正式向可口可乐宣战。
- 他曾男扮女装出现在维珍婚纱公司开业典礼上。
- 他的船"维珍大西洋挑战者二号"由他亲自驾驶，在 1986 年以有史以来最快的速度穿越大西洋。
- 他亲自驾驶的热气球"维珍大西洋飞行者号"，在 1987 年成为第

一个同时也是最大的飞越大西洋的热气球。

- 他驾驶更大的热气球（容积达到 260 万立方英尺）在 1991 年从日本飞越太平洋至加拿大北部，最高距离达到 6700 米，速度达到 24 千米／小时，再次打破了所有纪录。
- 他驾驶着一辆水陆两栖跑车在 2004 年成功穿越了英吉利海峡，而且他还创造了一项新的世界纪录，那就是驾驶着同类车辆以低于两小时的时间穿越英吉利海峡。

向他们致敬吧，这些贪玩却改变了世界的"孩子"们。

六、营销就是一场游戏

文章至此，我们坚决为游戏正名！

老夫子朱熹教导后人："业精于勤，而荒于嬉。"请不要片面地理解这种思想，中国人对游戏总是存在误解，以为游戏就是浪费时间，不务正业，认为这种小孩胡闹的东西难登大雅之堂。

在英语中，游戏是"game"，"game"还有另外一个中文释义，即体育比赛。

体育比赛是一种激烈的多方比拼的互动方式。换一个角度来说，这也是营销战的公平、公正、公开版本，更为真实。商业竞争中还可以有多家公司共享蛋糕，而体育比赛往往最后只有一个胜者，更为刺激，也更为残酷。

而就是这样的正经严肃的事情，外国人却称之为——游戏。

米卢蒂诺维奇，2001年带领中国队第一次闯进世界杯。他在中国没待多久，留给中国足球和球迷最大的财富不是先进的技战术理念，不是"独步江湖"的训练方法，而是一项轻松的游戏：三对三网式足球。

要说这种训练对球员的能力有什么提升，很难体现，但是带给队员的却是潜移默化、不可估量的影响和质变。足球终究是一场游戏，足球也应该是快乐的，所以轻松一点，享受足球就好了。

也许，中国家长对王朔、韩寒、周鸿祎这种"淘孩子"多一些宽容，中国也能涌现出不少乔布斯、布兰森这样的人，也会出现各种让世界改变、令人类叹为观止的产品。

走，咱们玩个游戏去……

第十二章　超级销售员

洞悉人性的冲突，才是营销的高手

本文开始之前，请允许我们向您隆重推荐一位超级销售员——乔·吉拉德，连续 12 年被《吉斯尼世界纪录大全》评为世界零售第一、连续 12 年平均每天销售 6 辆车、迄今唯一荣登汽车名人堂的销售员。

他为自己的超级销售总结了 7 条经验。

第一，250 定律：不得罪一个顾客，每位顾客的背后，隐藏着 250 个潜在客户，你只要赶走一个顾客，就等于赶走了潜在的 250 个顾客。

第二，名片满天飞：向每一个人推销自己——在餐馆就餐付账时，他要把名片夹在账单中；在运动场上，他把名片大把大把地抛向空中……利用一切机会为自己做传播，寻找一切可能为自己做广告，为自己获取更多的销售机会。

第三，建立顾客需求档案：更多地了解顾客需求——"如果你想要把东西卖给某人，你就应该尽自己的力量去收集他与你生意有关的情报，只要你有办法使顾客心情舒畅，他们不会让你大失所望。"

第四，猎犬计划：让顾客帮助你寻找顾客，在生意成交之后，他总是把一叠名片和猎犬计划的说明书交给顾客。通过说明书告诉顾客，如果他介绍别人来买车，成交之后，每辆车他会得到 25 美元的酬劳。

第五，推销产品的"味道"：让产品吸引顾客，人们都喜欢自己来尝试、接触、操作 ，让顾客亲自参与，如果你能吸引他们的感官，那么你就能掌握他们的感情了。所以，在和顾客接触时总是想方设法让顾客先"闻一闻"新车的味道。他让顾客坐进驾驶室，握住方向盘，自己触摸操作一番。

第六，诚实：这是推销的最佳策略，而且是唯一的策略。

第七，真正的销售始于售后："我相信推销活动真正的开始在成交之后，而不是之前。"推销是一个连续的过程，成交既是本次推销活动的结束，又是下次推销活动的开始，乔·吉拉德每月要给他的 1 万多名顾客每人寄去一张贺卡。一月份祝贺新年，二月份纪念华盛顿诞辰日，三月份祝贺圣帕特里克日……凡是在他那里买了汽车的人，都收到了贺卡，也就记住了乔·吉拉德。

超级销售员为什么能成功，因为他始终在解决消费者的冲突，把消费者的需求放在首位。

有人问他，什么产品最好卖？

他回答，消费者需要的产品最好卖。

何谓超级销售员？

洞悉消费者需求，擅长解决人性冲突的高手。

一、人，是解决冲突的入口

无论在什么时代、使用什么媒介，人都是货的入口，只不过场景变了，需求扩张了，冲突升级了，诉求的方式改变了，沟通的方式改变了，传播的方式改变了，但万变不离其宗的是，我们都要找到营销的入口，才能确保销售的结果。

从最早的纸上推销术到今天的直播带货，在叶茂中看来，本质都是一样的，厉害的高手都能找到产品和消费者口袋之间最短的路径。

超级销售员就是洞察人性的高手，懂得贪嗔痴，理解真善美；明白喜怒哀乐，聆听七情六欲，找到消费者内心的"想要"，而不是仅仅停留在表面的"需要"。

他们明白——人，是解决冲突的入口；每一个入口都有一个隐藏的开关，只有找到这个开关，才能按下销售的快门，进入销售的快速通道。

叶茂中也为各位看官总结了冲突的开关可能潜伏在哪里，想了解内容可以翻看《冲突》（第 2 版）。

各位看官，无论是左脑还是右脑，冲突的开关都是无处不在的，关键是看你是不是一个有心人，能否洞察到消费者认知的真相。要知道，有时候冲突的开关并不在你认为的事实中，而是在消费者的错觉、幻觉和心理暗示中，需要我们拨开迷雾见真章。

左脑的开关：		右脑的开关：	
洞悉细分数据	OPPO手机拍照"前后2000万"	1983年，乔布斯为了让当时的百事可乐总裁约翰·斯卡利加入苹果，说出了那段著名的话——"你是想卖一辈子糖水，还是跟着我们改变世界？"触动了约翰·斯卡利右脑的开关	价值观
	乐百氏"27层净化"		
熟悉的生活场景和体验	长白甘泉"早晨第一杯水"	哈根达斯成为爱情的冰激凌；脑白金成为考敬父母的礼物；好朋友成为朋友之间的分享，都是通过情感的开关，重新构建了产品的购买理由	情感
	益达"饭后来两粒"		
互动的媒体体验	通过消费者的触觉、味觉、嗅觉、听觉、视觉等真实体验，按下消费者的开关	消费者需要借助品牌来表达自我，实现理想自我，品牌和产品如果可以帮助消费者建立更自信、更完美、更个性化的社交形象，就能按下他们的开关	社交价值
	红星美凯龙"实体门店的体验感"，就是开启消费者的开关		

1. 右脑的开关

想要真正跳出同质化的竞争，超级销售员更擅长洞悉右脑的冲突，挖掘消费者内心的欲望。产品满足的只是眼前的基础用途，品牌满足的才是永恒的渴望。

超级销售员甚至可以找到你右脑的开关，把飘在空中的月亮上的土地贩卖给你。

销售月球上的土地是一个疯狂的想法，但购买月球土地的人才是一群更疯狂的人；他们此生可能都很难踏上月球，为什么要购买月球的土地呢？

从左脑的角度来看，消费者完全没有购买的理由，可能这一辈子都无法踏上月球的土地；但从右脑的角度来看，登月一直是人类的梦想。

那些购买月亮的人，更在乎的是心理上的拥有，心灵上的归属。

右脑战胜了左脑，梦想就是开关。

洞察到这个冲突，美国人丹尼斯·霍普已经出售了几千万平方米的月

球土地，拥有 230 万客户，他的客户甚至包括美国前总统卡特、里根、小布什，影星汤姆·汉克斯、尼克·基德曼、汤姆·克鲁斯，而易烊千玺也收到了一块面积达 40000 平方米的月球土地作为 15 周岁的生日礼物……

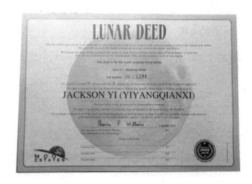

10 acres of the lunar surface

（40,000 ㎡）

2. 左脑的开关

左脑的开关，往往面临着头部品牌的强势竞争，更需要超级销售员避开同质化的竞争思维，不仅是思考如何让产品更好、性价比更高、渠道更多，更需要从冲突的角度，重新赋予产品新的生命赛道，有的时候甚至需要制造冲突，重构赛道。

比如比普通矿泉水贵 2 元的矿泉水，哪个才是触动消费者购买的开关？

大多数消费者都知道早晨起床，先喝一杯水的重要性。

"早晨"这个刚性需求的场景，就是说服消费者"喝一杯好水"的触点。

叶茂中冲突营销迅速为长白甘泉抢占了"早晨第一杯水"的诉求，按下了左脑的开关。

在冲突的世界里，没有哪个企业强大到不能被挑战，也没有哪个企业弱小到不能去竞争，关键在于你是否能够洞悉人性和欲望的触点，按下开关。

人是营销的入口，销售必须找到入口，从左脑或者右脑，按下冲突的开关，才能真正完成从销到售，也才能找营销的捷径所在。

超级销售员销售产品，一定能找到那条从脑袋到口袋最短的路径，从人性的复杂性中找到冲突的开关，就是超级销售员成功的关键。

二、请时刻记住：消费者从不在乎你说什么、你卖什么，他们在乎的只有自己

我们都知道实际上 85% 的广告没人看，为什么？

根据美国广告市场调查显示：36% 的广告浪费是由于广告主对市场的认识和想法是错误的；31% 的广告浪费是因为广告代理公司的创意失败了；83% 的广告浪费在于广告媒介的选择可能是错误的，而真正的原因在于消

费者觉得你的广告和自身无关。

如今的传播媒介早已经不是碎片化，更趋于粉末化，在粉尘般的接触点上，我们已经不能简单地表示"说服你使用我的产品"，更多是要表达出"我明白你需要的是什么"。

超级销售员要像"暖男"，对消费者多一些关怀。

了解消费者为什么要购买你的产品？

了解消费者如何关注你的品牌？

了解消费者是什么时候想起你的品牌、注意到你的品牌的？

了解你的品牌是如何帮助消费者更好地改善生活？

了解你的品牌是否解决了消费者的冲突？是否有改善的空间？

……

多一点对人的关怀，多一点对消费者的嘘寒问暖，可能就是超级销售员找到冲突的开关、解决冲突的关键所在。

时刻记住：消费者爱自己胜过一切。

三、产品驱动——消费者需求驱动——消费者欲望驱动

互联网营销时代的超级销售员，相比较乔·吉拉德的销售时代，更需要有站在未来看当下的心态，营销不单纯只是追求短期的增长，更需要考虑未来长期的增长。

传统的超级销售员，靠的是产品驱动力；

如今的超级销售员，靠的是欲望驱动力。

人的需求分为必要和非必要；

必要的需求多是满足我们生理的需求——比如衣服满足保暖、水满足

口渴、食物满足饱腹等；

非必要的需求来自我们精神上的需求——比如奢侈品满足社交、跑车满足了刺激、钻石满足爱情等。

物质需求带来的冲突（比如吃甜的还是吃辣的，穿红色还是穿绿色等）都可以被化解和调和。

而来自人类欲望的冲突，往往是来源于精神且高于精神的，其背后往往带有诸多因素，有时候甚至是不可调和、不可妥协的，（比如金钱和梦想之间的冲突等）但如果品牌能够解决冲突，品牌就如同"救世主"，能够让消费者始终追随了。

所以，小冲突来自需求，大冲突来自欲望。对人类而言，生理的需求是有限的，心理的需求才是无限的。正是这种无限的需求，使人类拥有不停进步的动力，但也如同硬币的两面，给我们带来无法填满的欲望深渊。

解决来自欲望的冲突，才能真正成就一个伟大的品牌愿景，也才能真正成就一个超级销售员。

比如烟和酒往往贩卖的不是产品本身，更多是产品之外能够给人带来的遐想，甚至要规避掉产品本身与健康的冲突，依靠的正是品牌带给人的想象空间。

在为武烟卷烟厂红金龙企划时，叶茂中冲突营销正是洞察到了吸烟者对于香烟最大的欲望究竟是什么？用"品牌"化解了欲望和现实之间的冲突，从而完成了品牌的重塑，帮助武烟从全国销量倒数第三，跃升为全国销量第二的烟企。

2003 年，叶茂中冲突营销通过对 10 个目标城市进行周密调研，得出结论：普通消费者对"红金龙——日出东方红金龙"正面的联想有"帝王、侠义、丰收、英雄主义、吉祥富贵等"，负面的联想有"老旧、中国传统、江湖等"。这些联想都表现出"红金龙"品牌的一个严重问题：传统而缺乏时代感、品质感。它充分说明"红金龙"原有的形象及其一系列品牌元素已经不适合今天的市场和消费者的需要。最核心的问题是，"日出东方红金龙"的诉求，金龙的符号载体，完全没有解决消费者的任何冲突。

叶茂中冲突营销坚信：一个优秀的品牌之所以深入人心，是因为它承载着一个能让人产生共鸣的核心价值，这个核心价值必然能够解决人类欲望和现实之间的冲突，而烟草产品由于受到诸多广告法的限制，品牌传播的重点并不是产品，而是一种价值观，这种价值观代表了核心消费人群内心的欲望所在。

为什么禁烟的广告直接印刷在烟盒上，香烟的销售额还是在每年递增呢？那不仅是因为"烟瘾"作祟，更是吸烟者对"烟"所能产生作用的依赖——烟能带来灵感，烟能带来思考。

"烟"从物质上满足吸烟者对尼古丁的依赖；"烟"更从精神上满足了人们对"思想"的欲望——在抽烟的时刻，每个男人都可能成为思想家。

满足这种欲望，就能解决吸烟者内心的冲突，给予抽烟一个合理的解释——我可是为了思想走得更远些而吸烟的。

今天的超级销售员，一定会将消费者的需求与商品力、品牌力和解决方案，强力连接在一起，从而促成冲动型消费，能够帮助消费者更快地做决策，降低消费的门槛。

超级销售员更会将消费者的欲望与商品力、品牌力和解决方案，强力连接在一起，形成消费者购买的忠诚度和使命感，构建重复购买的信任感。

将消费者的欲望与商品力、品牌力和解决方案，强力连接在一起，即使表现手法或者传播的手段随着时代在进化，但是正视欲望（理性欲望和感性欲望），点燃欲望，才是解决冲突的正道。

欲望并非只是精神需求，忠于且高于身体的需求，才是产品创新的冲

突点。

身体欲望的驱动，会高于基础需求的驱动，甚至高于产品驱动——以欲望引领身体，重创需求，也将成为超级销售员的入门基础。

需求会让消费者认同，欲望则会让消费者买单；尤其是在冲突不断升级的时代——正视欲望的多变性（理性欲望和感性欲望），点燃欲望，才是解决冲突的正道。

四、购买欲望是解决一切冲突的关键点

如何按下开关，关键在于你是否能够强烈地激发消费者的购买欲望，尤其在这个物质极度丰盈的时代。

相比那些明星，为什么头部网红能牢牢守住自己的位置，成为超级销售员？

追溯其源头，这些头部网红都是超级销售员出身——他们之中很多人都有过跟顾客面对面推销的经验，他们也更懂得如何识别客户需求，解决他们购买时的冲突，更关键的是，他们都特别擅长激发人们的购买欲望，哪怕产品是一只小小的口红。

"好好看哦！"

"这个嘴巴就是女明星的嘴巴！"

"这是银河！"

"一咬起来，爆浆的感觉！"

"像开了美颜一样的质感"

"让男人欲罢不能，让女人羡慕嫉妒！"

"用了这只口红，秒杀全场"

"你就是全场亮点。"

欲望，是购买的决胜点；激发欲望，尤其是激发人们购买后、使用后、体验后的错觉，幻觉和心理暗示，更是营销一招致命、解决冲突的关键。

他们就是像欲望发动机一样的超级销售员。

如果我们只是销售产品，消费者就会习以为常，他们甚至会和你讨价还价，我们只有站在品牌的高度，激发他们的欲望，才能让我们的产品变为他们的渴望，让我们的品牌变为他们的社交币。

Beats 作为最贵的耳机之一,其音质一直被发烧友所诟病,甚至有人将其拆解分析,整个部件的材料费总和才不到 17 美元,连售价的百分之十都不到,甚至 Beats 为了让耳机显得更有质感,在耳机里添加了 4 块配重金属,以制造出产品沉甸甸的质感假象。但为什么 Beats 依旧是全球年轻人追捧的品牌呢?

很简单,Beats 惯用的手法是让各种明星佩戴它们的耳机,还和音乐巨星推出联名款,所以在年轻人看来,Beats 不仅是耳机,更是一种生活方式。年轻人戴上耳机的那一瞬间,感觉自己沉浸在和明星、球星一样享受着音乐的幻想生活中。

只有强大的品牌力才有机会改变当时消费者对产品的认知,让人们沉溺在品牌制造出的错觉、幻觉和心理暗示的泡沫中,激发出更强烈的购买欲望,甚至不再关注它是不是值得那么贵。

而这也是企业愿意花费巨资,邀请明星、球星等名人代言的原因,这些意见领袖的光环会为品牌和产品制造出错觉、幻觉和心理暗示,让消费者产生向往,甚至忘记产品本身。

未来的竞争,产品当然很重要,但它很可能只能成为竞争的起点,而不是决定胜负的关键;消费者在追求产品真相的同时,更渴望寻找一个懂他们、了解他们、帮助他们建设更美好生活和自我的品牌,尤其是那些满足了他们的错觉、幻觉和心理暗示,能够激发他们对美好生活向往的品牌。

霍普金斯曾经说过:

"不要大吹大擂,不要吹嘘你自己的公司或者你的产品,也不要吹嘘那些你感兴趣但顾客不关心的特点。吹嘘令人厌恶。"

今天的超级销售员，一定会站在以消费者为中心的立场上，从消费者的购买需求、购买欲望出发，重新梳理产品真相、品牌真相，为消费者提供他们所渴望的生活方式以及所向往的生活场景，激发他们对新生活的向往和热爱，这才是品牌持续解决冲突的关键所在。

在今天的直播战场上，风起云涌，出现了一个又一个超级销售员，动则销售过亿元。但我们还是认为最优秀的超级销售员，不仅能单场销售过亿元，短期销售过亿元，更应该着眼未来，就好像乔·吉拉德为其销售生涯所总结的：真正的销售，始于售后——如何让消费者反复购买、主动推荐、积极分享，这才是超级销售员每天努力的方向。

正如德鲁克说的：市场营销的目标是让销售变得不再必要；超级销售员的目的就是让销售自然产生，自动繁衍，生生不息。而造就这一切的起点，无论是对于纸上销售员，还是今天的直播大咖，营销的真相皆在消费者冲突之中，谁发现了冲突，谁解决了冲突，谁制造了冲突，谁就可能成为超级销售员。

后 记／

　　1993 年，我开始写作《广告人手记》，这本书在 1996 年出版，当时还欠缺属于自己的想法，更枉谈进行理论探索。

　　2013 年，我写作《营销的 16 个关键词》时，我们已经拥有和企业 20 多年并肩作战的宝贵经验和感受，包括"血的教训"。

　　时隔 7 年，中国的营销环境又发生了巨大的变化，面对新的营销环境，我对《营销的 16 个关键词》进行了迭代，提升了原有方法的使用价值，删减了不再适用的方法，之后重新写作出这本《营销的 12 个方法论》。

　　这本书的观点和方法，全部基于中国本土市场。

　　中国式市场营销在三十多年的时间里，经历了第一"胆"的阶段、第二"识"的阶段、第三"创造力、想象力"的阶段。

　　今天的市场、消费者、沟通传播方式发生了天翻地覆的变化，在变化中如何适应、如何引领？皆需要企业家和营销人去探索、研究并采取行动。这本书也是叶茂中营销策划机构以极大的诚意，在《营销的 16 个关键词》之后，持续洞察市场，历时 7 年的思想探索之作，希望能以此书敬献给为中国强大而辛苦工作的企业家和营销人，并期待你们的批评和指正！

叶茂中
2020 年于海上
愿无尽室